인문학적 성장을 위한
8개의 질문

인문학적 성장을 위한
8개의 질문

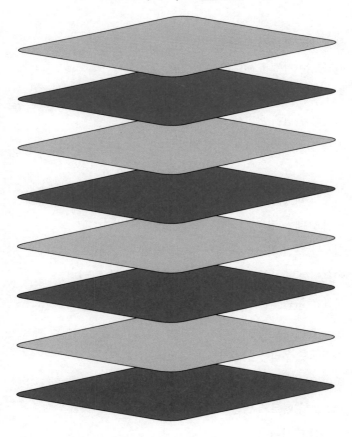

창조적 일상으로 이끄는 김종원의 사색 에세이

 나무생각

사람의 능력은 크게 다르지 않다.
바라보는 기준은 서로 다르겠지만,
모두가 비슷한 능력을 무기로 장착해서 살고 있으며,
비슷한 환경에 살면서
비슷한 지점을 목표로 정해 경쟁한다.

그런데 왜 결과가 다를까?
시작할 때는 거의 비슷한 상태로 출발하지만,
결과를 보면 최고에서 최저까지 분명한 차이가 있다.
앞으로의 세상은 그 이유를 제대로 알아야 살 수 있다.
문제는 '순서'다.

과거에도 우리는 인공지능과 경쟁하며 살았다.
인공지능은 인간이 입력한 순서대로 작동한다.
인간보다 빠르게 많은 문제에 대한 답을 내놓는 것이
그들의 장점이다.

하지만 단 하나 하지 못하는 것이 있다.
그들은 일의 '순서'를 결정하지 못한다.

우리는 인생에 필요한 모든 것을 이미 갖고 있다.
다만 모든 일을 성공적으로 해내기 위해서는
때에 맞는 적절한 선택이 필요한데,
지혜로운 사람은 가장 마지막에 하는 일을
미련한 자는 가장 먼저 해서 일을 그르친다.

《인문학적 성장을 위한 8개의 질문》은
그 선택을 돕기 위해 쓴 책이다.
그대는 이미 모든 것을 가지고 있다.
제대로 선택하면 원하는 것을 제대로 이룰 수 있다.
지혜로운 사람은 선택의 기준과 방법이 다르다.
인문학적 성장을 위한 여덟 가지 질문으로
그대가 원하는 삶을 현실로 만들어낼 수 있을 것이다.

차례

무엇을 알아야 하는가

우리의 삶은 결국 '무엇을 알아야 하는가?'에 대한 답을 일상에서 찾고 실천한 합이다. '무엇'에 대한 기준과 방향이 그 사람이 살아갈 인생을 결정한다고 볼 수 있다. 그래서 중요한 것이 먼저 '무엇을 해야 하는가?'에 대한 정확한 답을 갖고 사는 것이다. 그래야 자신이 배워야 할 것들이 무엇인지 알 수 있기 때문이다. 그러나 가장 기본이 있으니, 무엇을 해야 하는지 제대로 알기 위해서는 자신이 무엇을 좋아하는지를 제대로 파악해야 한다는 사실이다.

간단하게 정리하면 이렇다. 자신이 무엇을 좋아하는지 아는 사람이 무엇을 해야 하는지 알 수 있으며, 그런 사람만이 무엇을 알아야 하는지를 제대로 파악할 수 있다. 이것이 바로 세상을 주도했던 삶의 거장들이 인생에서 반복한 질문이다.

"젊은이는 늙고, 늙으면 죽는다."

이어령 박사의 이 말을 2018년 5월 이후부터 지금까지, 그러니까 무려 20개월 이상 사색했다. 그의 메시지는 명확하다. 오늘을 가치 있게 살라는 말이다. 하지만 '대체 어떻게?'라는 의문이 남는다. 그것을 제대로 설명하려면 "젊은이는 늙고, 늙으면 죽는다."라는 문장을 실천하기 쉽게 풀어야만 할 것 같았다. 그렇게 나는 젊은이들이 실천할 수 있는 문장을 하나 떠올릴 수 있었다.

"힘이 있을 때 다 써야 한다."

젊은이에게 넘치는 것은 오직 힘이다. 세상에는 힘이 있을 때 꼭 해야 할 것들이 있고, 그것들은 힘으로 최고의 가치에 도달할 수 있다. 힘이 있을 때 망치를 들고 있는 것과 힘이 떨어졌을 때 망치를 들고 있는 것은 자신뿐만 아니라 그 모습을 보는 타인에게도 매우 다른 느낌을 준다. 힘이 넘칠 때 모든 문제를 힘으로 해결한 경험이 필요하다. 나중에는 절대 경험할 수 없는 것이기 때문이다.

젊은이는 가진 힘을 모두 써야 한다.

힘을 다 쓰면 그 자리에 지혜가 들어온다.

힘을 소진한 경험이 지식을 지혜로 바꿔준다.

가장 위대한 마지막은 지혜로운 자의 죽음이다.

이것이 내가 발견한 《인문학적 성장을 위한 8개의 질문》의 핵심이다. 다만 이러한 삶을 살기 위해서는 지적 성장 동력이 필요하다. 지적 성장 동력을 발견하는 여덟 가지의 질문은 나의 오랜 사색에서 나온 결과다. 열정, 언어, 일, 성장, 생각, 기품, 조화로운 삶, 관계는 우리의 인생에 결정적인 영향을 주는 요소들이다. 다시 말해서 이들을 사색함으로써 우리는 지금과는 전혀 다른 길로 이동할 수 있다. 중요한 것은 지금 잠깐 멈춰 서서 자신을 바라볼 시간과 여유를 가져야 한다는 사실이다.

모두에게 통하는 독서법은 없다. 책은 끝까지 읽기 위해 읽는 게 아니라, 중간에 멈추기 위해 읽는 것이기 때문이다. 읽다가 멈춘다는 것은 그 문장에 경탄했다는 뜻이며, 경탄했다는 것은 그 문장의 의미를 안다는 증거다. 우리는 자신이 아는 것에만 경탄할 수 있으며, 내 영혼을 멈추게 한 문장을 통해 위대한 깨달음을 얻을 수 있다.

인생도 마찬가지다. 우리가 이토록 치열하게 달리는 이유는,

도착하는 것이 목적이 아니라 멈출 곳을 찾기 위해서다. 잘 달릴 줄 아는 사람은 속도가 빠른 사람이 아니라, 멈춰야 할 곳을 발견할 안목이 있는 사람이다.

읽기 위한 독서는 우리를 단순히 배부르게 하지만, 멈추기 위한 독서는 우리를 끝없는 성장의 세계로 이끈다. 나는 당신이 이 책을 공격하듯 읽지 않기를 바란다. 끝을 보는 건 매우 사소하고 재미없는 일이다. 끝까지 빠르게 읽었다는 사실은 우리에게 그 무엇도 남기지 않는다. 그저 중간에 멈추지 못했다는 사실에 아파하길 바란다. 당신은 모두를 위해 달리는 선수가 아니라, 자기 자신을 위해 달리는 사람이다. 보여주기 위한 모든 삶에 작별을 고하라. 그리고 끊임없이 질문하라.

"어디에서 멈춰야 하는가?"

"어디에서 시작해야 하는가?"

우리의 인생도 마찬가지다. 성장하는 삶을 살고 싶다면 적절한 때를 알아야 한다. 이 책에서 제시한 인문학적 성장을 위한 여덟 가지의 질문으로 오늘부터 시작해보라. 당신의 모든 삶이 근사하게 바뀔 것이다.

인간은 불완전하게 태어났으므로, 사는 내내 자신을 완성해나가야 한다. 그래서 인문학적 사고가 필요하다. 물론 인문학은 모두가 아는 지식이다. 그러나 아무도 가지지 못한 가치이기도 하다. 그것은 일상이라는 무대를 만나야 가치를 발하기 때문이다. 그러자면 열정이 필요하다. 그러나 여기에서 실수하는 사람이 많다. 열정은 뜨겁게 달군 무기를 앞세우고 나가는 것이 아니라, 바라만 봐도 뜨거운 그것을 내 안에 넣어두고 평화롭게 다스리는 것이다. 자신을 고요하게 유지하라. 그것이 가장 뜨거운 열정이다.

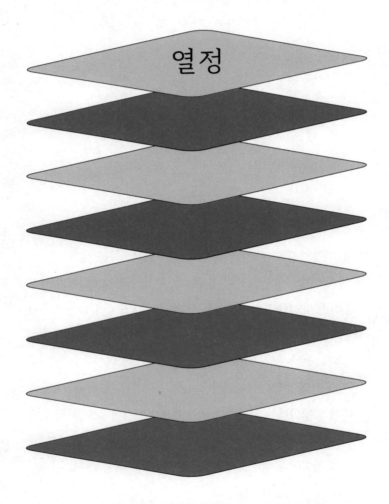

1장

열정

나는 얼마나 열정적인 사람인가

하나를 잡고
끝까지 가라

늘 이것저것 하는 일은 많은데, 그 사람이 하는 일을 한마디로 말하려면 딱히 떠오르는 표현이 없는 경우가 있다. 매일 동분서주하며 다양한 분야에서 활동을 하지만 대표작이 없는 작가나 배우처럼 참 애매한 사람이 있다. 문제는 그들 자신은 현재의 자기 상태를 매우 열정적이라고 생각한다는 데 있다.

"당신은 열정적인 사람인가?"

대체 열정이라는 것이 뭘까? 무조건 바쁘거나 하는 일이 많으면 그걸 열정이라고 말할 수 있나? 그렇지 않다. 그것은 오히려 재능의 결핍이나 제대로 하나를 꾸준히 지속하지 못하는 사람의 특징일 수 있다. 꾸준히 무언가를 지속하지 못하는 사람이 자신의 현재를 열정으로 포장할 때, 그는 최악의 인생을 스스로 계획하는 것과 마찬가지다.

열정은 다음 두 가지를 충족해야 한다. 하나는 앞서 말했듯이 '지속'이다. 나는 "정진하세요."라는 말을 좋아한다. 그것은 재능보다 귀한 삶의 가치이기 때문이다. 하나를 꾸준히 하면 그 하나가 다음에 가야 할 길을 보여준다.

내 경우도 마찬가지다. 책 한 권을 온 힘을 다해 탈고하면 마지막 줄을 끝내면서 동시에 다음에 쓸 주제가 떠오른다. 하나에 최선을 다하면 최선을 다할 또 하나의 일이 저절로 앞에 놓인다.

세상에는 "나는 아이디어가 많아."라고 말하는 사람이 많다. 그런데 사실 아이디어는 많을 필요가 없다. 수천 개의 아이디어 중 하나를 선택해서 그것을 세상에 내놓는 것이 중요하지, 수천 개의 아이디어 그 자체는 그다지 쓸모가 없기 때문이다.

하나를 잡고 끝까지 가라.
열정은 그렇게 증명된다.

또 하나는 자신으로부터 시작해서 다시 자신으로 돌아와 끝나야 한다는 것이다. 그 일의 중심에 자기 자신이 있어야 한다. 어떤 세계적인 프로젝트라 할지라도 그 안에 자신의 역할이 없다면 24시간 일상을 불태워도 그건 열정이라 부를 수 없다.

일을 하는 동안 반복해서 질문을 던져라. "이건 누구의 일인가?" "나는 왜 여기에서 일을 하는 건가?" "나의 일은 어디에 있나?" "여기에서도 마음만 바꾸면 충분히 나의 일을 할 수 있지 않을까?" 그렇다. 자신의 일을 하기 위해서 굳이 자기 사업을 시작할 필요는 없다. 그 자리의 주인이 되면 그걸로 충분하다.

어떤 영화를 보면 그 영화에서 단 1분 정도만 출연했을 뿐인데, 주인공보다 근사한 연기로 기억에서 잊히지 않는 엑스트라가 있다. 세상은 그를 위해 의자를 만들어주지 않았지만 그는 스스로 의자를 가지고 와서 그 순간의 주인이 되었다.

열정은 스스로 떠벌리는 게 아니라
타인에 의해 인정받는 것이다.
하나를 선택해서 끝까지 가라.
그 중심에는 반드시 자신이 있어야 한다.
그때 사람들도 당신을 보며
열정이 무엇인지 비로소 깨닫게 될 것이다.

얕은 자와 깊은 자는 소리가 다르다

아무리 옳은 말을 해도 상대가 욕을 섞기 시작하면 나는 그의 이야기를 그만 듣는다. 그의 말은 아직, 충분히 준비된 것이 아니기 때문이다. 자신의 생각을 잘 정리한 사람은 비속어를 사용할 필요가 없다. 생각 자체가 완벽하게 모양을 잡으면, 말은 그저 설명하는 역할만 하면 된다.

마찬가지로 아무리 정의를 외쳐댄다 하더라도 타인을 낮춰 말하면, 나는 그의 이야기를 귀담아듣지 않는다. 그의 정의는 아직, 충분히 준비된 것이 아니기 때문이다. 정의는 자기 삶의 도덕에서 출발해야 한다. 그러자면 정의를 말하는 입에서 군이 타인을 낮추는 말이 나올 필요가 없다. 자기 삶의 도덕이 완벽하게 모양을 잡으면 그의 말이 바로 정의가 된다.

세상에는 다양한 사람이 있다. 시냇물처럼 사는 사람이 있고, 깊은 강물처럼 사는 사람도 있다. 그것은 대개 소리로 구분이 가능하다. 속이 훤히 보이는 얕은 시냇물은 소리 내어 흐르지만, 깊은 강물은 소리 없이 흐른다.

속이 훤히 보이는 사람은 시끄럽다. 자신은 실천하지 않는 것을 타인에게 강요하고, 얕잡아 보며 밟고 올라갈 생각만 하므로 그것이 그대로 말이 되어 나온다. 그러나 스스로 실천하는 사람은 조용히 그 자리에서 강물처럼 흐르며 산다.

열정을 가지는 삶보다 중요한 건 그 열정이 어디에서 어디로 흐르고 있는지 자각하는 것이다. 하루는 한 지인이 잔뜩 화가 나서 "나, 저 사람을 도무지 이해할 수가 없어."라고 말했다. 나는 이렇게 응수했다.

"왜 네가 이해하려고 그래?"

그는 다시 말했다.

"아니, 말이 안 되는 이야기를 하잖아. 다들 그렇게 생각하지 않을 거야."

이런 식의 생각은 자기만 힘들게 한다. 일단 '말이 안 된다는 것'은 자기 생각이다. 또한 '다들 자신과 같은 생각이리라는 것'

도 자기 생각이다. 세상의 모든 주장은 언제나 그것을 지지하는 반과 거부하는 반을 가른다. 차이가 있다고 해도 크지 않다. 타인의 주장은 그 사람의 결론이다. 다시 말해서 태어나 오늘까지 산 모든 나날의 합으로 내린 그만의 결론이다. 그걸 왜 쉽게 이해하려고 할까? 왜 설득과 변화가 쉽게 이루어질 거라고 생각할까?

변화는 자연스럽게 이루어진다. 내가 그를 바꾸는 게 아니라 그가 자신을 스스로 바꾸는 것이다. 그런 모습을 기대하기 위해서는 내가 선택한 삶이 얼마나 가치 있는지 보여줘야 한다. 결론은 늘 간단하다.

"나나 잘하자."

그가 더 아름다운 삶을 살기를 바란다면, 그 마음이 간절한 만큼 더욱 나나 잘하자. 내가 먼저 잘하자는 마음이 올바른 열정이다.

아는 자는 그것을 안다고 말할 필요가 없다.
실천하는 자는 그것을 한다고 말할 이유가 없다.
그렇게 사는 일상이 이미 말해주고 있기 때문이다.
얕은 자는 시끄럽고 깊은 자는 조용하다.

매일
버리는
것

나는 매일 커피를 직접 내려서 즐긴다. 그래서 집에 종류별로 다양한 원두가 있지만, 사실 그중 반은 버린다. 매일 커피를 내리지만 반은 마시지 못하고 버리기 때문이다. 쓸데없는 소비와 낭비를 미치도록 싫어하는 내가 그렇게 아깝게 커피를 버리는 이유는, 그것보다 귀한 가치가 있어서다.

매일 새벽, 그리고 정오, 다시 밤에, 그렇게 세 번 커피를 내려서 즐기는 가장 큰 이유는, 그래야 글을 쓸 준비를 마쳤다는 분명한 느낌이 들기 때문이다. 은은한 향기가 코를 스치면 내 안에 숨어 있던 영감이 일제히 일어나 글이 되기 위해 돌진한다. 그 느낌을 위해 나는 매일 다 마시지도 못할 커피를 내려서 반은 버린다. 적당히 내려서 다 마실 수 있지 않느냐 물을 수도 있지만, 내가 좋아하는 잔의 5분의 4를 채우지 않으면 시각적 만족을 줄 수 없어 그렇게 할 수도 없다.

당신은 예술이 무엇이라고 생각하는가? 나는 자연을 바라보는 인간이 지닌 이해력의 수준이라고 생각한다. 자연을 이해한 만큼 우리는 그것을 예술적으로 표현할 수 있다. 그래서 경제적으로 전혀 생산적이지 않지만 나는 자연에 가장 가까운 곳에 사색 하우스를 만들어 내 삶 최고의 사치를 누리고 있다. 시간이 없어 한 달에 한 번만 갈 때도 있지만 그 공간 안에서 나는 다른 곳에서는 느끼지 못하는 자연이라는 예술을 마음에 담는다. 거기에서 잠을 잘 때도, 눈을 감고 음악을 즐길 때도 나는 자연을 내 몸 가득 수혈한다. 그렇게 가장 귀한 영감을 얻기 위해 매일 돈과 시간을 버린다.

그리고 나는 자주 무너진다. 멈추기 위해 책을 읽는 것처럼 우리가 자꾸만 무언가를 쌓는 이유도 결국에는 무너지기 위해서다. 사랑과 사람, 지식과 경험을 언제까지 쌓기만 할 수는 없다. 살면서 가끔 완전히 무너지고 싶은 날이 우리를 찾아온다. 그럴 때는 나중 일은 아예 생각하지 않고 영영 일어서지 못할 사람처럼 무너지는 것도 좋다.

그 무너짐이 누군가를 향한 사랑이든, 무언가를 향한 그리움이든, 일상과 사람에 대한 것이든, 대상은 중요하지 않다. 소중하게 쌓아 올린 그것들을 모조리 무너뜨린다고 해서 세상이 끝나는 게 아니다. 무너뜨린 그 자리에서 사랑은 다시 시작된다. 다시 생명이 자라고 일상의 행복을 추구하며 살게 된다. 나는 알고 있다. 이성을 놓으면 감성으로 살 수 있고, 그때 보이는 세상이 얼마나 근사한지…. 그렇게 다른 세상을 만나 몰랐던 사랑을 깨닫게 된다. 근사하게 무너지는 것도 창조의 기술 중 하나다.

그렇게 커피와 돈, 공간과 시간, 지식을 버리며 나는 글을 얻는다. 당신은 매일 무엇을 버리는가? 그걸 버리는 이유는 무엇인가? 이 두 질문에 답할 수 있다면, 당신은 평생 돈을 생각하지 않고 할 수 있는 자신만의 일을 가진 사람이다. 그렇다고 가난하거나 힘든 삶을 사는 것은 아니다.

돈은 집착하지 않는 자에게 모이고,
예술은 그것을 즐기는 자에게 안기는 법이다.

나중을
완성하는
자세

인생 후반기는 전반기보다 위험하다. 남을 비난만 하며 사는 사람이 되거나 세상과 어울리지 못할 인성을 가진 사람이 될 수도 있고, 그간 쌓은 모든 것을 잃고 죽음만 생각하는 삶을 맞이할 수도 있기 때문이다. 그래서 나는 후반기를 위한 준비로 '혼자의 공간', '절제된 감정', '공평한 시선', '돌려줄 용기', 이 네 가지를 가진 사람이 되어야 한다고 생각한다.

혼자의 공간
마흔까지는 타인과 어울려 지내며 건강함과 흥미를 즐기는 시기라면, 이후의 삶은 자신과 즐기며 사는 나날이 반복된다. 외적 활기에서 내적 활기를 느끼며 사는 날로 바뀌는 것이다. 혼자 두면 아무것도 하지 못하는 사람이 있다. 그들은 후반기의 삶에서 즐거움을 발견하지 못해 "사는 재미가 없다."라는 말을 입에 달고 산다. 내면을 만나 혼자 즐기는 법을 배워야 한다. 관심을 밖에 두지 말고 안으로 데리고 들어가라.

절제된 감정

인생 전반기에 쌓은 모든 명예와 명성, 물질과 도덕성까지, 우리가 그것을 지키기 위해서는 언제 어디서나 만날 수 있는 나쁜 감정에서 자유로울 수 있어야 한다. 기나긴 세월 힘들게 쌓은 그 것들을 순간의 실수로 모두 잃을 수도 있다. 말과 행동은 그 사람의 모든 가치를 결정하는 두 가지다. '나는 잃을 게 많다.'라고 생각하면서 말하는 게 좋다. '잃을 게 없다'는 마음으로 도전하고, '잃을 게 많다'는 생각으로 말하는 것이 가장 현명한 사람의 일상이다.

공평한 시선

내면과의 만남은 응당 필요한 것이다. 그러나 그 안에 갇혀 시야가 좁아지게 되면 삶의 후반기가 힘들어질 수밖에 없다. 다른 사람의 주장을 잘 이해하지 못하고 자기 의견만 고집하는 것도 이 때문이다. 세상에 정답은 없으며 대신 누구나 자기 자신에게 맞는 답을 갖고 산다고 생각하는 게 좋다. 세상에 무시할 수 있는 의견은 없고, 쓸데없는 생각도 없다. 그래야 공평한 시선으로 사람과 세상을 바라보며 그간 자신이 쌓은 경험과 자산을 좋은 곳에 사용할 수 있다. 내게는 내가 전부이지만, 다른 이들 또한 마찬가지임을 아는 것도 지혜다.

돌려줄 용기

아무것도 그려지지 않은 종이를 보면 누구나 펜을 들고 무언가를 쓰거나 그림으로 공간을 채우고 싶다는 생각을 하게 된다. 물론 그것도 좋은 일이다. 하지만 지혜가 있는 사람이라면, 자신이 직접 공간을 채우기보다는 그림과 글에 재능이 있는 사람에게 종이를 양보하는 것도 매우 의미 있는 선택이다. 노력하는 자세와 재능을 가진 전반기의 사람들에게 성장할 기회를 주는 것은, 삶의 후반기를 사는 사람이 지금까지 살아온 자기 삶에 대해 보답할 수 있는 최소한의 예의다. 당신의 현재도 절대 혼자 이룬 게 아님을 기억하자.

언제나 기억해야 할 한 가지는 모든 것이 더 나아지고 있다는 믿음이다. 거센 바람도, 퍼붓는 폭우도, 세상을 태울 것처럼 뜨거운 여름의 햇살도, 겪을 때는 우리를 힘들게 하지만 지나고 나면 모두 필요한 것들이다. 바람과 비, 그리고 햇살은 결국 자연을 순리대로 돌아가게 하는 최적의 재료와 구성이기 때문이다. 당신의 삶에 부는 바람, 멈추지 않을 것처럼 세차게 쏟아지는 폭우, 나의 모든 가능성을 마르게 하는 햇살도, 결국 멋진 나를 완성할 좋은 재료들이다.

모든 오늘은 가장 좋은 날을 위한 하나의 과정이다. 불행으로 희망을 완성하고, 아픔으로 기쁨을 누릴 수 있다. 우리의 모든 것은 더 좋아질 것이다.

당신은 절실하게 절실한가

절실하다며 보낸 각종 이메일에 나는 늘 답장을 한다. 그것도 마치 책을 쓰는 것처럼 깊이 고민해서 쓰고, 반복해서 읽으면서 오타와 오류를 점검하고, 마지막으로 충분히 상대의 질문에 답했는지 확인한 후에 다시 처음부터 끝까지 소리 내어 읽은 뒤, 보내기 버튼을 누른다. 그리고 또다시 보낸 이메일을 열어 내용을 읽으며 더 충실하게 쓰지 못했음을 미안해한다.

그런데 그렇게 심혈을 기울여 보낸 이메일이건만 95퍼센트는 답신을 보내오지 않는다. '고맙다' 라는 짧은 답신도 없다. 절실하다는 것은 묻고 싶은 것이 많다는 것이고, 그래서 무언가 정보를 얻었을 때 누구보다 경탄해야 마땅하다. 하지만 스스로 절실하다고 말하는 사람 중 95퍼센트는 충분히 절실하지 않았다.

니체가 독일 문학의 정수라며 칭송한 《괴테와의 대화》를 쓴 요한 페터 에커만은 문학에 대한 절실함을 느낀 후 괴테를 만나고 싶어서 무려 10년 가까이 자신의 지적인 수준을 단련했다. 그는 스무 살이 넘은 나이에 초등학교에 입학해 공부했고, 저녁에는 일을 했다. 절실한 일을 하기 위해서는 절실한 행동이 반드시 필요하다. 명작 《괴테와의 대화》는 그렇게 자신을 단련한 에커만이 괴테를 만나 탄생한 것이다. 실제로 에커만은 괴테를 만난 뒤 다시 10년을 투자했고, 그를 무려 1,000번이나 만나 그 대화 내용을 기록해 책으로 펴냈다. 에커만은 그렇게 자신의 절실한 마음을 세상에 보여주기 위해, 하나의 책을 완성하기 위해 자기 삶 중 20년을 바쳤다.

가끔 내게도 글을 배우고 싶다거나, 책을 내고 싶다며 절실한 마음을 쪽지나 이메일로 전하는 사람이 있다. 하지만 늘 아쉬운 마음이 가득하다. 나는 글을 쓰기 위해 지난 20년 이상의 기간을 투자했고 수많은 사람을 찾아다니며 글의 경력을 쌓았는데, 그들은 자신의 시간을 투자하지 않고, 나를 만나러 오는 어떤 시도나 의욕도 보여주지 않기 때문이다. 그들은 절실한 마음이 무엇인지 제대로 모르는 게 아닐까? 솔직히 나를 만나는 것은 그리 어려운 일이 아니다. 괴테를 만나기 위해 에커만이 7일 동안이나 걸어간 만큼 나는 멀리에 있지도 않고, 대중교통을 이용하면 몇 시간 내로 얼마든지 만날 수 있다. 절실함이 있다면 무엇이 어렵겠는가? 나도 예전에 누군가를 만나기 위해 강연장을 찾아가고, 강연이 끝난 후 잠시라도 대화를 나누기 위해 하루를 모두 소비한 적이 있다. 지금도 하나를 절실히 깨닫고 싶어 한 사람을 10년 이상 탐구하며 사색하는 일상을 살고 있다.

절실한 마음은 실천으로 보여주는 것이지 말로 늘어놓는 것이 아니다. 나도 늘 자신에게 묻는다.

"나는 절실하다고 말할 정도로 절실한가?"

진실로 절실한 사람은 그냥 저절로 눈에 보인다. 절실한 마음은 숨길 수 없기 때문이다. 또한 진실로 절실한 사람은 가만히 앉아 절실하다고 이메일을 보내거나 쪽지를 날리지 않는다. 절실한데 어떻게 가만히 앉아 있겠는가?

절실하다면 나타나라.

더 자주, 더 오래, 더 깊게.

내일이
기대되는
사람

인문학에는 각 사람의 살아가는 방법이 담겨 있다. 많은 사람
이 각자의 정의를 갖고 "이렇게 살아야 한다."라는 제안을 한다.
그러나 내게 인문학이란 배워야 알 수 있는 학문이 아니다. 내가
생각하는 '인문(人文)'은 세상과 사람을 사랑하는 마음이다. 내가
생각한 것을 실천으로 옮기고, 실천으로 옮긴 것을 다시 글과 말
로 세상에 전하는 것이 '인문'이다. 그래서 나는 부러 '인문학'에
서 '학'을 빼고 '삶'을 넣는다. '인문삶', 이것이 내가 추구하는 삶
이다. 세상과 사람을 사랑하는 것은 배우는 게 아니라 일상에서
실천하는 것이기 때문이다.

그럼 구체적으로 어떻게 살아야 할까? 괴테는 이렇게 조언한다.

"만약 내가 젊었을 때부터 나 자신의 욕구를 그토록 강력하게 잠재우지 않았더라면, 그리고 내 분별력을 갈고닦아 넓고 보편적인 것으로 만들어가려고 노력하지 않았다면, 나는 매우 옹졸하며 꼴불견인 인간이 되었을 것이다."

그는 스스로 내일이 기대되는 삶을 살았다. 그 중심에 헛된 욕구를 제어하고, 분별력을 기르며, 배운 모든 것을 보편적인 지식으로 바꾸려고 노력한 세월이 존재한다.

그렇다면 내일이 기대되는 삶은 어떻게 탄생할까?

하나, 일상을 아름답게 즐기라. 육체가 아직 지상에 머물러 있을 때 당신의 아름다움을 세상에 전해야 한다. 누군가가 당신의 마음의 소리를 듣고 있을 때 당신의 아름다운 마음을 세상에 전해야 한다. 세상이 당신을 아름답게 기억할 수 있게 육체와 마음을 고결하게 유지하라.

둘, 일상의 작가가 되라. 한 가지 성격밖에 연기할 줄 모르는 배우, 한 가지 이야기만 쓸 줄 아는 작가는 한계가 있다. 마찬가지로 당신이 만약 자신을 제외한 수많은 사람의 마음을 들여다볼 줄 모른다면, 타인의 삶을 공감하고 경험할 자신이 없다면 일상의 작가가 될 수 없다. 당신이 이해하고 사랑한 기록을 남기는 일상의 작가가 되라.

셋, 일상을 사랑하는 지성인이 되라. 자신의 일상을 사랑할 줄 아는 지성인은 타인을 지배하려는 마음을 접고 힘든 사람의 뒤를 지켜보며 안아줄 수 있다. 자신이 하고 싶은 것을 잠시 미루고, 타인의 꿈을 지지하고 응원하며 잠시의 시간을 투자할 수 있다면, 우리가 사는 세상은 훨씬 근사하게 바뀔 것이다. 세상을 근사하게 바꿀 일상의 지성인이 되라.

스스로 자신을 기대할 수 있다면 그것은 멋진 인생이다. 일상의 합이 그 모든 것을 결정한다. 일상을 아름답게 즐기며 그것을 기록하라. 그렇게 '인문삶'을 매일 증명하고 실천하라.

절실한
마음이 창조로
이어진다

도움을 받기 위해 SNS상에서 알게 된 친구를 만나는 첫 자리. 처음 누군가를 만나서 나누는 대화가 어려운 이유는, 어쩔 수 없이 첫인상에 대한 느낌을 전해야 하기 때문이다. 이때 어떤 이는 "사진보다 실물이 별로네요. 어플 적당히 쓰세요."라는 식의 누가 들어도 기분이 나쁠 이야기를 꺼내 분위기를 망친다.

하지만 상대의 도움이 절실히 필요한 사람은 어떻게든 가장 근사한 말을 생각해서 첫인상을 표현한다. 설사 사진이 훨씬 낫다는 생각이 들더라도 그는 서로에게 무리가 없는 표현을 창조해낸다.

"분위기가 참 좋으세요."

"여유와 기품이 흐르네요."

이렇게 사진에는 나오지 않는 분위기와 느낌에 대해서 말해도 된다. 그게 아니면 "보자마자 딱 알아봤어요."라는 말로 사진과 실물이 다르지 않음을 은연중에 드러낼 수도 있다. 아무리 센스가 없는 사람도 정말 급하면 없던 센스가 온몸에서 나온다.

어떤 분야든 창조로 가기 위해 가장 필요한 것들은 이미 우리 안에 내재해 있다. 몰라서 하지 못하는 것이 아니라 절실하지 않아서 하지 않는 것이다. 절실해져야 나올 수 있는 이 하나의 정신이 필요하다.

"좋은 마음을 전하고 싶다."

누군가에게 잘 보이고 싶은 마음이 들면 저절로 좋은 마음을 전하려고 고심한다. 그렇다. 우리는 절실해져야 비로소 창조를 위한 생각의 동력을 최대한 끌어올릴 수 있다. 절실하면 통한다는 말이 그냥 나온 것이 아니다. 절실함이 결국 세상을 깜짝 놀라게 할 모든 창조의 시작이다.

무언가에 절실한 마음을 간직하며 사는 사람과 무엇도 절실히 바라지 않는 사람의 눈과 가슴은, 시야의 범위와 뜨거움의 온도가 전혀 다르다. 창조의 최대 에너지는 절실함이다. 그것을 하겠다는 절실한 마음이 바로 창조의 모든 것이다.

그런 삶을 살기 위해서는 창조의 대가(大家)들이 가장 중요하게 생각하는 겸손의 자세를 유지해야 한다. 자신을 낮춰야 하나라도 더 많이 배울 수 있기 때문이다. 반대로 어중간한 사람은 자신을 드러낸다. 모자라는 부분을 말로 보충해야 그나마 존재를 드러낼 수 있기 때문이다. 그래서 그들은 말이 전부인 삶을 산다.

알에서 막 깨어난 새는 시끄럽다. 스스로 배고픔을 해결할 수 없기 때문이다. 우리는 누구나 자기가 가진 것만 보여줄 수 있다. 나약한 생명은 소리만 지를 뿐이다. 말과 행동의 화려함은 때로는 무능의 증거가 되기도 한다. 창조의 대가는 조용하지만 이미 존재 자체로 빛이 난다.

곧 창조의 나날로 빛날 그대여,
입을 닫으면 삶이 열린다.
선택했다면 절실하게 부딪쳐라.

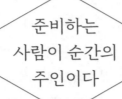

준비하는
사람이 순간의
주인이다

"일상이 우리가 가진 모든 것이다."

많은 철학자가 일상의 가치를 이렇게 주장했다. 하지만 괴테
는 이보다 더 세밀한 시선으로 일상을 순간으로 짧게 나누고, 다
음 여섯 가지의 말로 그 가치를 설명했다.

순간보다 귀한 것은 없다

세상에 존재하는 어떤 거대한 보물과 명예, 그리고 지위를 준
다고 해도, 순간의 가치보다 높이 평가할 수 있는 것은 아무것도
없다.

방심이 순간을 지운다

어느 순간에도 마음을 놓지 말아야 한다. 우리로 하여금 순간의 가치를 잊게 만드는 것은 방심이다. 멈추거나 그만두기에 충분한 순간은 없다.

순간은 일종의 관중이다

엄청난 노력으로 순간이라는 관중이 당신의 승리를 믿도록 설득해야 한다. 당신의 순간을 당신만 지지하는 팬으로 만들어야 한다. 미래라는 후손의 수준은 당신이 지금 보내는 현재의 순간이 결정한다.

순간의 지속은 힘이 세다

일상의 순간은 그 자체로는 너무도 보잘것없다. 5년이라는 순간을 하나로 묶지 않으면 한 다발의 수확도 없다. 따라서 지속은 우리가 가진 가장 믿을 만한 힘이다.

순간의 축적이 성장을 이끈다

일상의 순간은 오류와 실수에 속하지만, 순간의 축적은 성과와 성공에 속한다. 순간을 놓지 말아야 한다. 순간은 사라지지 않고 쌓여 당신의 성장을 이끌 것이다.

미래를 바꿀 힘은 순간에 있다

우리가 미래를 즐겨 들여다보는 것은 우리가 그 미래 안에서 이리저리 흔들리는 불확실한 것을 자신에게만 유리한 쪽으로 이끌어가고 싶기 때문이다. 순간이 곧 미래다.

순간의 주인으로 사는 사람은 자기 자신을 믿는 사람으로 성장한다. 그들은 인맥을 믿지 않는다. 다만 굳게 믿는 인맥이 한 명 있다. 바로 '어제의 자신'이다. 당신도 자신을 믿는 삶을 시작하라. 시처럼 아래 글을 맑게 읽었으면 좋겠다.

모든 사람의 사랑을 받을 때나
그렇지 않을 때나,
일이 잘 풀려서 행복할 때나
모든 게 미워질 정도로 불행할 때나,
언제나 나와 함께 나를 든든하게 채우는
어제의 나를 나는 사랑한다.

바람이 불어도,
폭우가 내려 모든 것을 쓸어가도,
언제나 최선을 다해 일상을 보내는

어제의 내가,
내가 아는 최고의 인맥이다.

지금 모든 것을 가질 필요는 없다.
어제의 내게 부끄럽지 않은 오늘을 보냈다면,
나의 오늘은 내일 최고의 인맥이 되어줄 것이다.
그 하루가 쌓여 언젠가
나는 내가 원하는 자리에 설 것이다.

어떤 실패도 나를 무너뜨릴 수 없다.
어제의 내가 오늘의 나를 든든히 받쳐준다.
고통은 다 지우고 어제만 믿고 뛰자.
어제의 나를 믿을 수 있다면,
나는 당당히 설 수 있다.

그 사람의 현재 수준은 그 사람의 입에서 나오는 언어의 수준과 같다. 새로운 것을 추구하며 멈추지 않고 성장하는 사람들의 언어는 다르다. 소수처럼 생각하고 다수처럼 말하라. 좀 더 세밀하게 말하자면 독특한 시선을 가지라는 말이다. 모두에게 공개된 것이지만 자신에게만 보이는 부분을 발견한 후, 그것을 자기 안에서 다수가 이해할 수 있는 언어로 가공해서 내보내야 한다. 이것이 모든 창조의 과정이다.

2장

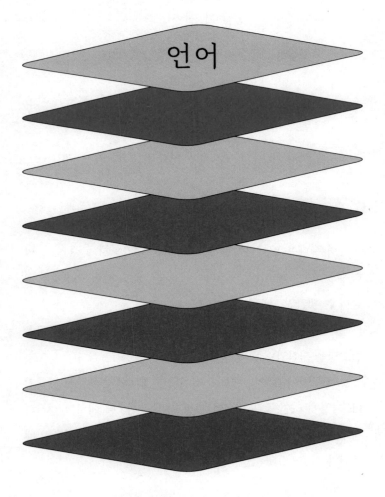

언어

나의 말은 어디로 가고 있는가

당신의 말이 당신의 능력이다

능력은 매우 뛰어나지만 말이 능력을 따라오지 못해 빛을 발하지 못하는 사람이 매우 많다. 멀리 가지 않고 각종 SNS에서 그들이 쓴 댓글만 봐도 느낌이 온다.

"이 사람은 타고난 능력이 뛰어나서 오히려 자신의 말과 글을 갈고닦을 시간과 노력이 부족했구나."

보여줄 것이 많거나 재능이 뛰어나면 상대에게 예쁘게 말하거나 '어떻게 하면 좋은 마음을 전할 수 있을까?'를 애써서 생각하지 않는다. 자신의 뛰어난 능력이 그럴 필요성을 자꾸 지우기 때문이다.

물론 반대의 경우도 있다. 타고난 능력과 재능은 없지만 '같은 말도 예쁘게 하는 사람'이 바로 그들이다. 실력은 조금 부족해도 그들은 사람들 곁에서 기운을 주고 따스한 마음을 나눈다. 함께 있으면 괜히 그 순간을 기대하게 되고, 떨어져 있으면 자꾸 생각난다.

만약 앞의 두 경우 중 하나의 인생을 살아야 한다면 당신은 어떤 인생을 선택할 것인가? 아마 잠시 고민에 빠질 것이다. 전자는 능력은 있지만 매우 외로운 삶을 살게 될 것이다. 스스로 사람들에게 인기가 있다는 착각을 하고 살지만, 그 인기라는 것이 인간적 매력이 아니라 타고난 능력 때문이라는 사실은 죽는 날까지 모를 가능성이 높다. 하지만 후자는 능력은 조금 부족하지만 타인의 진실한 마음을 받고 사랑하며 살아갈 수 있다.

사실 여기에서 중요한 것은 하나의 인생을 선택하는 것이 아니다. 예쁘게 말하는 것이 그만큼 중요하다는 것을 전하고 싶다. 능력도 좋고 말도 예쁘게 하면 얼마나 좋을까? 아무리 뛰어난 능력을 갖춰도 말이 제대로 나오지 않으면 가진 것을 다 보여줄 수가 없다. 예쁘게 말하는 것은 그리 어려운 일이 아니다. 다음 세 가지만 기억하자.

제발 가르치지 말자

당신은 선생님이 아니다. 그리고 당신 앞에 선 사람은 학생이 아니다. 당신에게 누구도 배움을 구하지 않는다. 가르치지 말고 함께 그 순간을 나누려는 마음으로 말하자.

여유를 가지고 말하자

말은 하고 끝내는 게 목적이 아니다. 글을 쓰는 것도 마찬가지다. 시작과 과정에 가장 큰 이유가 있다. 좋은 마음을 전하고 싶다면 좋은 눈빛과 따스한 손으로 쓰고 말하라.

이기려고 하지 말자

싸우려는 자세로 덤비지 말자. 당신의 말과 글이 존재하는 광장을 싸움터로 만들어서는 안 된다. 마음만 바꾸면 궁전이 될 수 있다. 말의 기품은 모든 상황을 온화하게 바꾼다.

말은 그 사람의 내면을 선명하게 보여준다. 부끄러운 내면을 보여주고 싶지 않다면 말을 쉽게 생각하지 말자. 말을 대하는 그 자세가 가장 중요하다. 어렵게 만든 당신의 현재를 쉽게 내뱉은 말로 망쳐서는 안 된다.

진심을
전하는
언어

나는 글에 많은 정성을 쏟는다. 이런 나의 습관은 어릴 때부터 시작했지만 빛은 직장에 다닐 때 많이 봤다. 사회 초년생 시절 입사하자마자 당시 각종 분야에서 종사하는 유명인 섭외를 해야만 했는데, 일면식도 없는 사람도 내가 보낸 이메일을 읽으면 태도가 확 달라졌다. 회사의 규모나 서비스가 아닌 나라는 인간에게 호기심을 느꼈고, 몇 번 만나지는 않았지만 서로에게 소중한 존재가 되었다.

글은 서로의 마음을 나누기 위해 꼭 필요한 수단이다. 단어 하나를 고를 때도 상대의 마음을 생각해야 한다. 이건 '굳이 그렇게 해야 하나?'라고 생각할 귀찮은 일이 아니라, 마음을 써야 하는 매우 당연한 일이다. 진심을 전하는 훈련을 할 때 가장 배우기 좋은 도구가 이메일을 쓰는 일이다. 이메일을 쓸 때 글에 진심을 담는 세 가지 방법이 있다.

내가 정말 원하는 것을 전한다
'그래서 어쩌라는 거야?'
구구절절 이것저것을 상세하게 설명한 장문의 이메일을 읽었지만 결국 이런 생각이 드는 경우가 상당히 많다. 대체 내게 무엇을 원하는지 알 수가 없다. 이유는 간단하다. 스스로 자신이 하는 일에 확신이 없기 때문이다. 확신이 없으면 강하게 자신의 의지를 보여줄 수 없다. 이메일을 보내기 전에 먼저 3단계로 자신의 현재를 확인해보자.

"이메일을 보내는 내 마음이 어떤가?" 이 질문을 통해 상대를 생각하는 간절한 마음을 전하는 게 좋다. 그다음에는 "이메일을 써서 내가 얻고자 하는 게 무엇인가?"라는 질문으로 글의 방향을 잡는 게 좋다. 그리고 마지막으로 글의 방향이 어긋나지 않도록 "그걸 내가 왜 얻어야 하나?"라는 질문을 동시에 던지며, 결론적으로 자신의 목적이 욕심이 되지 않게 제어한다.

상대를 제대로 파악해야 한다

"존경하는 강사님, 지난번에는 ○ ○ ○ 강사님도 오셨습니다."

유명 강사를 언급하며 나를 초대하는 강의 섭외 이메일을 자주 받는다. 물론 이렇게 누군가를 언급하는 이유는, 몸값을 낮추거나 재능을 기부하라는 무언의 메시지를 전하는 거다. 좋다. 나도 내키면 재능 기부도 하니까. 단, 비교 대상을 제대로 정해야 한다. 이메일을 보낸 사람 입장에서 생각하지 말고 받는 사람 입장을 생각해야 한다. 이게 말은 쉽지만 현장에서는 늘 놓치기 쉬운 부분이다. 나는 책을 40여 권 쓴 사람이고, 글에 진심을 담기 위해 30년 가까운 세월을 투자한 작가다. 그런 나의 소명은 무엇일까? 당연히 작가다. 물론 강의를 할 때도 내면에 "나는 작가다."라는 의식이 깔려 있다. 이건 내가 쓴 책을 조금만 읽어도 알수 있는 부분이다. 그래서 "강사님을 존경합니다."라는 이메일에 쓴 문구는 나를 흔들 수 없는 것이다. 상대의 마음을 잡고 싶다면 그가 무엇을 추구하는지 먼저 파악해야 한다.

검색이 모든 것을 가르쳐주지는 않는다

아무리 유려한 문체로 가려도 그 사람이 쓴 이메일을 읽으면 그가 나를 얼마나 생각하고 있는지 느껴진다. "나를 잘 모르는 사람이네. 인터넷으로 검색을 5분 정도 했구나." 이런 자세한 부분까지 알 수 있을 정도다. 지식과 정보는 단지 결과물일 뿐이다. 쉽게 말해서 그것들은 우리가 지금까지 어떻게 살았고, 무엇을 추구했는지를 단편적으로만 보여주는 것이지, 앞으로 무엇을 추구하며 어떻게 살아야 하는지를 알려주는 것이 아니다. 상대의 마음을 얻고 싶다면 검색해서 나오는 정보가 아니라 그에게서 느껴지는 흥미를 아주 오래 생각하는 자세가 필요하다. 나는 누군가에게 이메일을 보낼 때, 시간적 여유를 두고 그를 오래 생각한다. 이메일이 조금 늦어도 괜찮다. 쓸데없이 서둘러 보낸 이메일보다 더 오래 생각해서 마음을 담아 보낸 이메일이 상대에게도 울림을 주기 때문이다. 그의 과거는 검색으로 알 수 있지만, 그의 현재는 오직 더 깊은 생각으로만 다가갈 수 있다.

세상에는 사실보다 중요한 것이 하나 있다. 바로 진심이다. 사실을 검색할 시간에 마음을 바라보며 진심을 찾자. 우리는 지금 너무나 과열된 상태로 정보를 긁어 모으려고 한다. '팩트'에 중독된 세상이다. 진실은 입장에 따라 다를 수 있지만, 진심은 누구에게나 공평한 하나의 길로 통한다. 글에 진심을 담으면 모든 것이 완벽해진다. 상대가 그 마음을 느끼지 않을 수 없을 테니까.

단어 하나가 하나의 생명이다

한 초밥집에서 오랜만에 꽤 좋은 마음으로 식사를 마쳤다. 생선의 신선도도 좋았고, 무엇보다 서빙을 담당한 직원의 자세가 기억에 남을 정도로 근사했기 때문이다. 하지만 계산을 하기 위해 일어서다가 문득 본 메뉴판 뒤 가맹점 모집 문구가 내 모든 기대와 좋은 마음을 날아가게 만들었다.

"경력이 없어도 누구나 할 수 있습니다."

그 밑에는 이 문구와 전혀 어울리지 않는 문장이 있었다.

"손끝에 정성을 담아 만듭니다."

이게 대체 무슨 말인가?

나는 메뉴판을 매우 세심하게 읽는 편이다. 가끔 나를 매우 감탄하게 만드는 글을 볼 수 있기 때문이다. 이를테면 한 작은 식당 메뉴판 앞에 식당이 쉬는 날이 적혀 있었는데, 그 밑에 이런 문구가 쓰여 있었다.

"명절과 직원의 경조사가 있을 때 쉽니다."

직원의 일상을 소중하게 생각하는, 이 얼마나 멋진 휴무일 공지인가? 이런 식당은 스스로 음식에 대한 자부심을 글로 드러내지 않아도, 직원을 대하는 주인의 마음으로 충분히 음식을 향한 따스한 온기까지 짐작할 수 있다.

경력이 없어도 마음을 담아 만들 수 있다고 말할 수 있지만, 음식에 마음을 담는 일이 정말 그렇게 쉬운 일일까? 진실로 마음을 담으려면 세월이 필요하다. 남들은 상상도 할 수 없을 정도로 긴 세월을 하나의 문제를 풀기 위해 바친 사람만이 정성을 담을 수 있다. 마찬가지로 "너의 마음을 담아 글을 써야 한다."라고 아무리 외쳐도 글쓰기 초보자는 그 말을 이해하기 힘들다. 그런 글을 써본 경험과 세월이 아직은 부족하기 때문이다.

사소하다고 생각한 한 줄의 문장이 그 사람과 기업이 세상을 바라보는 시선을 단적으로 보여준다. 모든 것을 담겠다는 마음으로 읽는 사람의 입장에서 쓰자. "경력은 필요하지 않습니다. 손끝에 정성을 담아 만듭니다."라는 문구를 "손끝에 정성을 담겠다는 마음이면 누구나 시작할 수 있습니다."라는 문구로 바꾸면, 그것을 읽는 손님의 마음과 가맹점을 시작하려는 사람의 마음을 뜨겁게 만들 수 있다.

단어 하나로도 사람의 인생은 바뀐다.

이 문장의 깊이를 이해한다면, 한 문장을 쓰더라도 더 읽고 사색하자.

품위를
완성하는
말의 태도

책을 많이 읽고 좋은 단어와 근사한 표현을 많이 알아야 품위
가 저절로 생기는 건 아니다. 세상에는 지적 수준이나 교양의 유
무에 상관없이 자연스럽게 품위가 느껴지는 사람이 있다. 품위
는 후천적으로 생기는 것이라고 볼 수 있다. 대개 그것은 그 사람
이 구사하는 말로 결정된다. 여기에서 중요한 건 말은 곧 태도라
는 사실이다. 이것을 기억하며 품위를 완성하는 다섯 가지 말의
태도를 살펴보자.

우아한 동작으로 말하기

말은 단순하게 언어로만 구성되는 게 아니다. 말할 때 움직이는 손과 팔의 각도까지도 그 사람의 품위를 보여준다. 다만 누구나 자기 모습은 제대로 관찰하기 힘들다. 따라서 상대가 말하는 모습을 보며 어떤 동작을 취할 때 가장 전달력이 있고 우아함이 느껴지는지 관찰한 후, 그것을 자신에게 맞게 적용하자. 모방으로 시작해서 조금씩 자신의 것을 만드는 것이다.

이야기에 감정을 진솔하게 담기

동작에 우아함을 담았다면 이제는 감정이다. 언어는 말하는 사람의 감정을 타고 상대에게 날아간다. 같은 말도 다르게 들리는 이유가 바로 거기에 있다. 대화를 잘한다는 것은 말에 자신의 감정을 잘 담았다는 것을 의미한다. 사람은 누구나 상대에게 소중한 존재가 되기를 소망한다. 말할 때 마치 연인을 바라보는 것처럼 상대를 소중한 마음으로 바라보면 저절로 좋은 감정이 실릴 것이다.

모든 사람을 같은 마음으로 표현하기

'표현의 평등'은 매우 중요하다. 상대에 따라 다르게 말하는 사람을 좋게 바라보는 사람은 없다. 나이와 지위, 부의 격차와 지적 수준에 상관없이 같은 표현으로 존중하며 대화를 나눠야 한다. 그래야 앞과 뒤가 다른 사람이 되지 않고, 그 세월이 모여 저절로 누구도 따라 할 수 없는 품위를 갖출 것이다.

모든 것에 속하지만, 모든 것에서 벗어나기

누구나 할 수 있는 말로는 누구도 감동시킬 수 없다. 자기 자신만의 말을 할 수 있어야 한다. 다시 말해서 세상 모든 것에 관심을 갖지만, 어느 곳에도 속하지 않아야 한다. 영향을 주지만 영향을 받지 않는 상태가 되기 위해서는 모든 것에 온화하고, 어떤 고통도 감내할 수 있어야 하고, 사소한 일로 고민하지 않아야 한다. 자신의 말을 지킬 수 있는 사람은 누구의 시선에도 얽매이지 않는 자유를 얻을 수 있다.

자기 자신을 잃지 않기

흔들리지 않는 사람은 그 모습 자체로 근사하다. 타인의 거친 말이나 품위 없는 행동에도 자기 자신을 잃어서는 안 된다. 마음을 잃는 순간 그들과 같은 수준이 되어버리기 때문이다. 힘든 순간이 찾아올 때마다 '나는 잃을 게 많은 사람이다.'라고 생각하자. 그 마음이 의연한 태도를 견지할 수 있게 돕는다.

글을 아무리 잘 쓰는 사람도, 말을 아무리 잘하는 사람도 그 특이성이 품위를 대변하지는 않는다. 중요한 것은 그 사람이 가진 품위 그 자체다. 언어는 곧 그 사람의 품위를 결정한다. 내면이 근사한 사람은 그 빛을 감추지 못하고 밖으로 발산한다. 그 사람이 일상에서 발하는 빛을 우리는 '품위'라고 말한다.

말하는 모습과 태도를 바로하고,
표현의 수준을 높이며, 내면의 중심을 바로잡자.

언어는 매우 다루기 힘든 것이다. 누구나 쉽게 사용할 수 있는 도구가 아니다. 섬세한 마음으로 다가가야 언어를 통해 무언가를 바꿀 수도, 창조할 수도 있다.

하나의 마음은 하나의 세계라고 생각하면 좋다. 우리의 삶은 저마다 하나의 마음을 담고 있다. "열 길 물속은 알아도 한 길 사람 마음은 제대로 알 수 없다."라는 말도 있다. 그래서 우리에게는 언어가 필요하다. 언어는 자신의 생각과 마음을 상대가 알아들을 수 있게 표현하기 위해 존재한다. 이를테면 언어는 생각과 마음을 번역하는 도구다.

언어를 우리의 삶에서 제대로 활용하기 위해서는 우리가 처한 상황과 마음을 부정적인 언어로 표현하는 것을 자제해야 한다. 말이 통하는 사람을 만났을 때 우리는 현실에서 느끼는 고통을 조금 더 과장해서 표현하기도 하는데, 상황에 따라서는 매우 안 좋은 결과가 나올 수도 있다.

이렇게 예를 들어보자. 당신은 최근 회사에서 조금 먼 지역으로 이사를 갔고, 출근하는 길에 동료를 만나 이런 이야기를 나눈다.

"세상에! 지하철로 왕복 1시간을 출퇴근하는 게 이렇게 힘든 일인지 몰랐어. 제발 좀 편안하게 출근하고 싶다."

당신이 출퇴근의 고통을 말하자 그걸 웃으며 듣던 동료는 바로 이렇게 응수한다.

"에이, 겨우 왕복 1시간 가지고 뭘 그렇게 난리야. 나는 왕복 3시간에 두 번이나 갈아타야 해. 내가 너라면 '감사합니다.'라고 매일 외치며 출근하겠다."

이야기가 이런 식으로 흘러가면 자신을 고통스럽게 하는 또 다른 상황들을 열거한다. "왕복 거리가 중요한 게 아니야. 상사가 완전 최악이라 너무 힘들어.", "야근에, 특근에 정말 사는 게 사는 게 아니야."로 시작해서, "애들이 얼마나 말을 안 듣는지 몰라. 미치겠다. 혼자 멀리 떠나서 잠시 쉬고 싶어."라는 가정 문제까지, 현재의 기분을 망치는 온갖 이야기를 하게 된다. 어떻게든 자신

의 어려운 문제에 대하여 상대의 공감을 받아내려고 하기 때문
이다.

　결국 모든 고통은 우리 자신에게서 시작한다. 고통이라고 느
끼는 것을 말로 꺼내면 자각하지 못하던 것들까지 연결해서 '미
치도록 힘든 인생'을 만든다. 삶이 우리를 힘들게 할 때도 있지만
대개의 경우는 이렇게 잘못 내뱉은 말로 우리의 삶은 더욱 심각
한 고통에 시달리게 된다.

　타인이 내 고통에 공감하고 편을 들어줄 수도 있지만, 그걸 상
대에게 구한다는 것 자체가 이미 잘못된 것이다. 자신의 고통에
공감할 사람은 오직 자신뿐이다. 자신의 본심은 자신만 아는 혼
자만의 비밀이다. 그저 자신에게 집중해서 스스로에게 위로의
말을 들려주자. 최대한 좋은 방향으로, 과장을 섞지 않고 진솔하
게, 그 순간만큼은 타인을 배려하지 말고 오직 자신만 생각하며
말할 수 있어야 한다.

　더할 수도 뺄 수도 없는 솔직한 자신을 만나라.

너의 말이 너의 가능성이다

'꼰대'라는 말이 있다. 나이가 들면 괜히 "내가 꼰대로 보이는 건 아니겠지?"라는 자기 검열을 하게 된다. 꼰대는 자기의 사고 방식을 타인에게 강요하는 사람을 말한다. 어떤 생각과 마음을 갖고 있어도 그것을 타인에게 강요하지 않으면 어떤 문제도 생기지 않는다. 물론 내가 여기에서 말하려는 것은 꼰대가 되지 않는 말과 태도가 아니다. 왜 꼰대가 될 수밖에 없는지를 말하고 싶다. 다르게 살지 못하기 때문이고, 다르게 말하지 못하기 때문이다. 생각이 정체되면 그 사람의 정신도 늙는다. 그래서 나는 다음 두 가지를 가장 중요하게 생각한다. 스스로 인식하고 제어할 수 있는 부분이기 때문이다.

하나는, 남과 같지 않음을 걱정하지 말라는 것이다. 우리는 이미 인생 전반부에서 충분히 남과 비슷하게 살거나 다르지 않으려고 애를 썼다. 뒤처지지 않기 위해 같은 과목의 같은 문제집을 풀었고, 비슷한 직장에서 엇비슷한 월급을 받았으며, 그걸 힘겹게 모아 구분하기 힘들 정도로 비슷한 규격의 집에서 살고 있다.

하지만 후반전은 달라야 한다. 인생 전반전에서 비슷하게 산 이유는 후반전의 다름을 준비하기 위한 과정이기 때문이다. 스스로 힘을 내라. 다른 사람과의 의견 충돌을 걱정해서 애써 자신의 생각을 억누르며 살 필요는 없다. 심각한 해를 주는 것이 아니라면 당신의 소리를 내라. 생각을 겉으로 표현하고, 행동에 힘을 더하고, 일상에 자유를 허락하자. 그것이 억압이나 주입으로 흐르지 않는다면 모두 괜찮다. 후반전은 자신만을 위해 산다고 생각하자. 남을 설득하려는 노력을 버리고 자신을 설득하며 살자. 자기 자신으로 살아갈 수 있는 시간이 그리 많이 남지 않았다.

또 하나는, 말을 관리하는 것이다. 결국 중요한 것은 말이다. 자신의 의견이 타인의 생각과 일치하지 않음을 걱정하지 말라는 것은, 자신 있게 생각을 전하라는 것이지 아무 말이나 나오는 대로 하라는 의미는 아니다. 사람은 나이가 들면서 인생 전반전을 사는 사람과의 관계가 점점 멀어진다. 각각의 나이에는 나름의 이유가 있고, 나이에 맞는 언어와 표현이 따로 있다. 젊게 사는 것과 젊게 말하는 것은 다르다. 몸과 마음은 젊어져도 좋으나 언어는 세월을 담아야 한다. 특히 나이 차이가 많이 나는 사람과 인연을 맺거나 친분을 쌓으려고 할 때는 자신이 하려는 말을 잠시 참고, 그 말을 하는 타인의 입술을 먼저 보라. 그 말을 내뱉는 그 사람의 입술이 아름다운가, 아니면 불쾌한가?

사람은 언제나 자신에게 관대하다. 따라서 더욱 자신이 하려는 말을 타인의 입술에서 먼저 확인하는 게 좋다. 그렇게 말을 관리하면 자신이 하려는 말의 80퍼센트는 하지 않게 될 것이며, 돌아서서 후회할 일이 급격히 줄어들 것이다. 나이가 들면서 말이 많아지는 이유는 한 번 더 생각하고 말하지 않기 때문이다.

쉽게 제어할 수 있지만 반대로 쉽게 가질 수 없는 것이 '좋은 말'이다. 부정적인 말은 언제나 자신을 거침없이 쓰라고 우리를 유혹한다. 하지만 거기에는 우리의 가능성이 존재하지 않는다. 좋은 말이 좋은 사람과 좋은 인생을 부른다. 설령 인생이 거짓만 보여준다고 해도, 우리는 좋은 생각만 하며 살자. 우리의 말이 결국 가능성을 만들어낼 것이다.

당신의 말이 세상을 지키는 정의다

SNS에는 실시간으로 참 많은 글이 올라온다. 나도 마찬가지로 하루에 10회 정도 각종 SNS에 글을 써서 올린다. 그러면 수백 개가 넘는 댓글이 달리는데, 댓글을 하나하나 섬세하게 읽으며 어떻게 답을 달지 고민한다.

"철저하게 준비하여 사업을 시작하셨으니 잘되실 겁니다."

"어려워도 성실히 살아오셨으니 곧 빛을 보실 겁니다."

"선생님의 좋은 마음이 좋은 인생으로 이끌 겁니다."

댓글을 쓴 사람들의 글을 읽으며 그분들의 행복한 미래를 소망하고 응원해주는 경우가 많다. 그 마음을 속으로 말할 때도, 글로 표현할 때도 있다. 방법은 중요하지 않다. 잘되기를 바라는 마음을 담았다면 반드시 도착하리라 믿기 때문이다. 남이 그를 도울 것이라 생각하지 않고 일단 나의 글과 말로 그들의 행운과 행복한 인생을 소망한다.

나는 시끄럽게 떠들거나 주장하는 행위를 좋아하지 않는다. 말은 소리가 아닌 정성과 사랑으로 움직이는 생명이기 때문이다. 간혹 일주일 강의 일정이 매일 꽉 차 있는 강사가 자신의 SNS에 "이번 주는 지옥의 레이스다. 그러나! 와우, 이번 주만 견디면 휴가다. 힘들지만 참자."라고 남긴다면 그 강의를 듣게 되는 교육생들은 어떤 생각을 할까?

"우리에게 교육을 하는 것이 참아야 할 정도로 힘든 일인가?"

"우리가 지옥의 저승사자인가?"

강사는 별생각 없이 바쁜 일정을 자랑하기 위해 쓴 글일 수도 있다. 하지만 그것 자체가 누군가에게는 폭력적인 표현일 수 있다. 대신 그 마음을 이렇게 표현하면 어떨까?

"이번 주에는 평소보다 더 바쁘니까 정성을 더하자."

"내 이야기를 들어주시는 분이 계셔서 행복하다."

그것은 가식이 아니라 사람을 대하는 최소한의 예의다. 결과, 즉 돈만 보고 가면 그 일이 끝나는 과정이 너무나 힘들어 자신을 지치게 만든다. 하지만 사람이라는 생명을 보면 오히려 끝이 아쉽다. 세상을 지키는 정의는 대단하거나 거창한 것이 아니다. 생명을 대하는 소중한 마음을 말과 글에 담아 매일 정성껏 전하면 그것이 정의가 된다.

사랑, 행복, 기쁨, 정의 중
그대가 원하는 것이 무엇이든,
한 번만 더 생각하고 말하면
한 걸음 더 가까워질 수 있다.

말로
힘을 보태는
유일한 방법

관계에 있어 매우 비효율적으로 작용하는 말 중 하나가 "화이팅!"이나 "힘내세요."와 같은 말이다. 힘낼 근거는 주지 않고 말만 무성의하게 던지는 방식의 응원이다. 바보가 아닌 이상 스스로 망하거나 어려워지는 과정에서 힘을 내지 않을 사람은 없다. 이미 죽을힘을 내며 가까스로 버티는 사람에게 또 힘을 내라고, 화이팅하자고 말하는 것은 듣는 사람 입장에서는 놀리는 것처럼 느껴질 수 있다. 말하는 사람이 진심이라도 듣는 사람이 그렇게 느끼지 못한다면 그건 적절치 못한 것이다.

따스한 마음을 전하고 차가운 마음으로 돌려받지 않으려면 말을 지혜롭게 사용해야 한다.

나는 말로 힘을 보탤 수 있는 가장 지혜로운 표현을 하나 알고 있다. 늘 힘들게 살던 지인이 하루는 웃는 표정으로 "요즘 새롭게 일을 시작했는데 월급이 예전보다 30만 원이나 늘었어."라고 말한다면 당신은 뭐라고 답할 것 같은가? 말로만 힘내라고, 화이팅하자고 말하는 사람들이 이때 자주 하는 표현은 이런 것들이다. "월급 올랐으면 술은 네가 사야지!" "에이, 겨우 30만 원? 그걸로 뭘 한다고." "나는 50만 원 올랐는데."

듣기만 해도 맥이 탁 풀린다. 말을 듣는 사람과 하는 사람 중간에는 도저히 건널 수 없는 강이 흐른다. 그 불가능해 보이는 강을 건너기 위해서는 오직 상대를 위하는 마음이 절실하게 필요하다. 나는 그런 경우 정성껏 준비한 선물에 곱게 리본을 달듯, 이렇게 말한다.

"참 다행이다."

정말 힘든 상황에서 아주 사소한 좋은 일이 생겼을 때, 생각지도 못한 순간에 누군가에게 "다행이다."라는 말을 들어본 적이 있는가? 나는 경험을 통해 이 말의 따스함을 안다. 누가 봐도 비경제적인 일상을 반복하는 나를 안타깝게 생각하던 분이 내가 차를 한 대 샀다는 말에 "참 다행이다."라고 답하며 내 마음을 따스하게 만든 적이 있다. 모두가 "그래, 차 샀어? 뭔데?", "좀 좋은 차

로 사지. 안전이 가장 중요하잖아."라고 말했지만, 그는 보기만
해도 따스한 표정으로 "참 다행이다."라는 포근한 말을 내게 들려
주었다.

　말로 힘을 주기 위해서는 정말 그에게 힘낼 근거를 주든지, 아
니면 그가 스스로 힘낼 근거를 마련할 때까지 묵묵히 기다렸다
가 진심을 다해 축복해줘야 한다. 한 사람이 한 사람에게 진심을
다해 성공을 빌어주는 일, "참 다행이다."라는 한마디가 얼마나
큰 힘이 되어주는지 말을 해본 사람과 들어본 사람은 안다.
　말은 서로의 존재를 감싸는 행위다. 그렇게 시작한 말은 서로
에게 분명한 희망이 된다. 한 사람을 위로할 최고의 음악은 그 사
람을 걱정하며 안아주려는 한 사람의 마음에서 나온다.

일을 하지 않고 살 수는 없다. 자신의 일을 해내는 모습이 그 사람이 지닌 가치라고 생각할 수도 있다. 우리가 주의할 것은 행운이다. 일에 조금 더 집중하려면 당장 곁에 있는 행운을 버려야 한다. 행운은 안길 때는 좋지만 언제나 떠날 준비를 마친 변덕스러운 존재다. 행운에 기대어 살지 마라. 그것은 실패를 준비하는 것과 같다.

3장

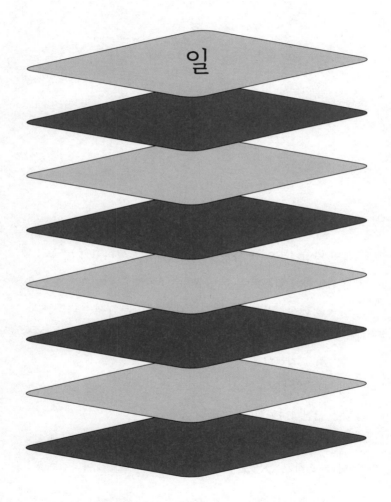

일

쟁이의 굴레에서 벗어날 수는 없는가

세 가지
일

복권 당첨자들은 왜 금방 파산하거나 신용불량자가 될까? 갑자기 감당하기 힘든 많은 돈이 생겨서, 주변에서 자꾸 돈을 쓰라고 유혹을 해서, 그냥 마음 내키는 대로 소비를 해서… 다양한 사례와 의견이 있다.

나는 늘 생각한다.

'이 모든 의견을 관통하는 한 줄은 무엇인가?'

답은 간단하다.

세상에는 세 가지 일이 있다. 하나는 '해도 별 의미가 없는 일', 또 하나는 '하면 좋은 일', 마지막은 '꼭 해야 할 일'이다. 수없이 많은 땀을 흘리며 일해도 별 의미가 없는 일을 하면 실력도, 삶도 나아지지 않는다. 꼭 해야 할 일이 무엇인지를 찾아내는 게 우선이다. 마찬가지로 복권 당첨자들 중 다수가 돈을 탕진하는 이유는 꼭 해야 할 일을 찾지 못한 삶을 살았기 때문이다.

작가도 마찬가지다. 책 인세가 매년 2회 정도로 나뉘어 입금이 되기 때문에 목돈(?)이 한 번에 들어와 탕진하기 쉽다. 하지만 나는 인세가 들어오는 그날 매우 단순한 선택을 하며 그 지나치기 힘든 날을 지나간다.

"저녁은 비싸니 점심에 특정식 초밥을 먹고, 산책하다가 영감을 받으면 잊기 전에 집에 들어가 글로 적고, 2시간 이상 운동을 하고 자자."

어떤 엄청난 일이 생겨도 나는 늘 내가 해야 할 일을 하며 산다. 유혹에 빠지거나 흔들리지 않고 나의 하루를 그저 반복한다. 내 글은 모두 그 반복의 원칙에서 나온다.

당신이 가장 싫어하는 사람을 파멸의 길로 들어서게 하려면 어떻게 해야 할까? 나는 가장 간단하고 쉬운 방법을 하나 알고 있다. 그에게 열정적으로 환호하는 팬을 붙여주는 것이다. 누군가 한 사람이 상식을 뛰어넘는 엄청난 사랑을 받으면 같은 일을 하는 동료나 선배의 미움을 사게 되어 있다. "저 사람은 뭔데 사람들의 사랑을 받지?" "나랑 별 차이도 없는 것 같은데…." "짜증 나네. 내가 실력은 월등한데…." 그에게 환호하는 한 명의 팬은 그를 비난하는 수많은 비평가를 만든다. 환호하는 팬이 늘수록 비판하는 사람도 늘어난다. 그래서 대개는 그 고통을 견디지 못해 파멸의 길로 들어선다.

지난 20년 이상 온라인 커뮤니티를 이끌며 나 또한 그런 환호를 경험했다. 정기적으로 내게 이런 질문을 하는 사람들이 있다.

"작가님, 제가 너무 열성적으로 댓글을 쓰니, 작가님을 싫어하거나 안 좋게 보는 사람들이 늘어나는 것 같아요. 제가 자제를 해야 할까요?"

그럴 때마다 나는 단호하게 답한다.

"계속하세요. 제가 할 일은 저를 미워하는 사람에게 잘 보이는 게 아니라, 제 글을 읽고 아껴주시는 분들을 위해 그럼에도 또 글을 쓰는 일입니다. 비난은 제가 다 받겠으니 다른 사람은 신경 쓰지 마세요."

상황과 사람에 따라 방식은 다르지만 늘 이런 식으로 답한다. 내가 해야 할 일은 인기를 얻고 사랑을 받는 것이 아니라, 내 안에 사랑을 가득 담아 그것을 글로 표현하는 것이기 때문이다. 누가 날 미워하든, 모멸감을 주든 별 상관이 없다. 내게는 나만 할 수 있는, 그래서 꼭 해야 할 일이 있기 때문이다.

"당신에게는 꼭 해야 할 일이 있는가?"

아직 없다면 그것을 꼭 찾아라. 주변의 나쁜 소리가 들리지 않는 가장 평온한 인생, 사랑을 나누는 일상을 살게 될 것이다. 그 고요하지만 충만한 일상을 당신도 즐길 수 있기를 소망한다.

'쟁이'의 굴레에서 벗어나고 싶다

　인생을 이끄는 깊은 철학을 논할 때 나는 늘 이순신 장군의 칼을 떠올린다. 그의 칼이 언제나 적을 향한 것은 아니다. 때로는 이탈하는 자신의 병사를, 또 아주 가끔은 어리석은 자신을 향할 때도 있었다. 칼을 누군가를 죽이는 도구가 아니라 방법을 찾고 반성하는 사색의 도구로 사용했기 때문이다. 그는 그렇게 자기 삶의 철학자로 살았다.

　'-쟁이'라는 접미사가 있다. 주로 그것과 관련된 일을 업으로 하는 사람을 낮잡아 부를 때 붙이기 때문에 듣는 입장에서는 기분이 좋지 않은 게 사실이다. 마찬가지의 이유로 내 삶의 목표는

'글쟁이'라는 말을 최대한 듣지 않는 삶을 추구하는 것이다. 일단 글쟁이라는 말을 듣지 않으려면, 글만 쓰는 사람이라는 생각이 들지 않게 해야 한다.

> 중요한 것은 그가 쓴 글이 아니라,
> 그가 지금까지 보낸 삶의 결이다.
> 지금까지 반복한 그 사람의 삶이
> 오늘 그가 쓰는 글의 깊이를 결정한다.

자신의 업에 대한 철학을 세우고 싶다면 먼저 '쟁이'의 굴레에서 벗어날 수 있어야 한다. 그 방법은 다음과 같다.

세상의 시선에서 벗어나라

세상은 '쟁이'라는 말로 그 사람을 가둔다. 그 정도면 충분히 너의 뜻을 펼치는 거라고 말하지만, 사색하는 인간의 뜻은 조금 달라야 한다. 우리가 어떤 일을 하는 목적은 그 일 자체가 아닌, 그 일을 경험하는 나의 존재에 그 뜻이 있어야 하기 때문이다. 일이 내게 명령을 내리는 게 아니라, 내가 일을 제어한다. 일은 조금 더 자유로운 인생을 살기 위해 내가 시작하고 끝내는 삶의 도구일 뿐이다.

일상에서 업을 추구하라

나는 아무리 술을 많이 마신 날에도, 거부할 수 없는 슬픔이 교차하는 날에도 꼭 정신을 차려 글을 쓰고 잔다. 다시 말해서 쓰지 못할 정도로 취하지 않으며, 감정에 지지 않는다. 이를테면 밖에서 술을 마실 때는 이런 생각으로 욕구를 제어한다.

"여기에서 끝까지 마시지 말고, 집에서 나 자신과 마실 두 잔을 남겨두자."

그것이 내게는 글을 쓰며 사는 일상의 철학이다. 무언가를 추구하는 사람에게는 그것을 위해 반드시 지키는, 타인은 모를 원칙이 존재한다.

업의 깊이를 추구하라

서른까지는 아직 자신을 만들어가는 시기이지만, 마흔 이후 인생의 깊이는 곧 그 사람이 반복하는 업의 깊이와 일치한다. "세상에는 다양한 의견이 있는데, 왜 이렇게 하나만 생각할까?"라는 의문을 갖게 하는 사람은, 일에서도 마찬가지로 눈앞에 보이는 것만 하면서 살 가능성이 높다. 마흔이 지나면 일이 곧 삶이고, 삶에서 일의 흔적을 발견할 수 있다. 그 업의 깊이를 추구하며 우리는 다양한 생각과 의견을 받아들이는 사람이 될 수 있다.

깊이 있는 인생을 원한다면 앞에서 언급한 세상의 시선에서 벗어나 자신의 원칙을 세우고, 그것을 일상의 원칙으로 삼아 실천하며 살아야 한다. 그러면 세월이 저절로 깊이 있는 인생을 만들어줄 것이다. 이순신 장군의 삶은 그런 의미에서 칼로 적을 찌르는 인생이 아닌, 칼로 적을 사색하는 인생이었다. 이기기 위해 죽인 것이 아니라, 상황이라는 또 하나의 생을 바꾸기 위해 사색한 것이기 때문이다. 적도 그를 존경한 이유가 거기에 있다. 이기는 것에서 벗어나 상황 그 자체를 바꾼 이순신! 그의 삶이 '쟁이'가 아닌 자신의 삶을 사는 기쁨과 감동을 증명해준다.

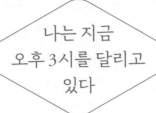

나는 지금
오후 3시를 달리고
있다

하루는 오후 3시에서 4시 사이에 총 일곱 통의 이메일을 받았
는데, 한 통은 스팸메일이었고, 네 통은 강연 의뢰 이메일이었고,
나머지 두 통은 출간을 제안하는 이메일이었다. 나도 놀랐다. 단
시간에 이렇게 많은 강연 의뢰와 출간 제안을 받은 것은 처음이었
으니까. 기쁜 마음에 모든 이메일에 꼼꼼히 답장을 하고 정신을
차려 커피를 마시다가 문득 생각에 잠겼다. 나는 지금 오후 3시의
삶을 달리고 있는 것은 아닐까?

오후 3시는 가장 뜨거운 시간이다. 위에서 쏟아지는 햇살도,

쏟아졌던 햇살로 뜨거워진 대지도, 두 공간 사이에서 옴짝달싹하지 못하고 얼굴 붉히는 공기도, 모두가 하루 중 가장 뜨거운 시간이다. 다른 곳에 시선을 줄 틈도 없이 살아가고 있는 나는, 지금 내 삶의 오후 3시를 뛰고 있다는 생각이 든다. 작가가 출간 제안을 받는다는 것은, 강사가 강연을 의뢰받는다는 것은 정말 기쁜 일이다. 게다가 이메일 하나를 확인하는 동안 또 하나가 도착해 있어 입꼬리가 올라갈 수밖에 없다. 하지만 좋은 일만 가득한 것은 아니다. 동시에 도착한 스팸메일이 하나 있었으니까.

 "저도 언젠가 빛을 볼 수 있을까요?"라고 묻는 사람이 많다. 이들은 둘 중 하나다. 하나는 아예 시작조차 하지 않고 빛을 볼 수 있을지 확인만 하는 사람이고, 나머지 하나는 아직 충분히 그 길을 걷지 않고 성급하게 결과를 확인하려는 사람이다. 나는 내 삶으로 확인했다. 누구나 자신의 길을 선택하고 정진하면 가장 빛나는 오후 3시를 달릴 수 있다. 그러나 인생의 황혼인 상쾌한 저녁과 고요한 새벽을 맞이하는 것은 소수에게만 허락된 특별한 기회다. 바로 오후 3시 이후에 기승을 부리는 스팸메일 같은 오만과 자만심 때문이다. 오후 3시의 방해자인 그들은 우리에게 이렇게 말한다.
 "이 정도면 됐어. 그만 뛰어. 충분해."

"적당히 하자. 누가 너 뛰는 거 감시하는 거 아니야."

"참 미련하네. 걸어서 도착한 후에 뛰어서 왔다고 해."

우리가 힘든 이유는 뜨거운 온기 때문이 아니다. 시시각각 우리의 의지를 꺾으려는 방해자의 소리가 가장 무섭다. 세상에 '멈출 순간'이라는 것은 없다. 그만해도 괜찮을 충분한 노력도 없으며, 거짓으로 통하는 결과도 없다. 삶이라는 오랜 경주에서 우리는 멈추고 싶은 순간을 때때로 맞이한다. 그럴 때는 이렇게 생각하며 순간을 이겨내자.

나는 지금 오후 3시를 달리고 있다.

가장 빛날 잠시 후의 시간을 위해

가장 뜨거운 지금의 시간을 견디는 것이다.

"저도 빛을 볼 수 있을까요?"

이제 더는 확인하지 말자. 충분히 달린 사람은 그 세월로 깨닫는다. 달려가는 사람만 도착할 수 있다.

최선의 나를
만들어나가는
질문

　전업 작가에게 꼭 필요한 것은 삶을 이어나갈 수 있는 적당한
판매량이다. 아무리 재능 있는 위대한 작가라도 자신의 글이 팔
리지 않으면 살아갈 수 없으며, 자신의 의지를 글에 담기도 힘들
다. 나는 베스트셀러를 추종하지는 않지만 최선을 다해 배우며
마음에 담는다. 추종하지 않는 이유는 순위에 오른 책 중 절반 이
상은 방송 노출이나 다른 분야에서 활동하며 얻은 유명세로 순
위에 오른 책이기 때문이고, 그럼에도 최선을 다해 배우는 이유
는 내가 살아야 할 곳이 바로 거기이기 때문이다. 어떤 대가(大家)
도 자신이 사는 곳을 떠날 수는 없다.

'최선'은 가장 좋고 훌륭한 것이며, 온 정성과 마음을 쏟은 상태를 말한다. 그래서 나는 '최고'보다 '최선'이라는 표현을 많이 아낀다. '최고'는 내가 도달할 수 없는 까마득한 하늘을 바라보며 허덕이는 느낌이라면, '최선'은 지금 당장 안에서 꺼낼 수 있는 모든 것을 알차게 내어주는 느낌이기 때문이다. 말하자면, '최선'은 사랑하는 사람을 위해 자신의 모든 것을 전하는 기분이 든다. 현실적이며 동시에 참 따스한 느낌이다.

최선의 글을 쓰며 책으로 내기 위해 나는 거의 매일 새벽 4시 30분에 선정되는 온라인 서점의 일간 베스트셀러 순위를 1위에서 200위까지 천천히 진지하게 살핀다. 누가, 어떤 책을, 어떤 마음으로 써서 순위에 오르내리는지 포인트까지 관찰하며 마음에 담는다. 그래서 나는 이런 마법(?)을 부릴 수 있다. 신간이 나오면 그 책의 순위와 판매 포인트를 표지와 제목만 봐도 대충 알아맞히는 것이다. 그 책의 일주일, 그리고 최대 판매지수도 거의 비슷하게 맞힐 수 있다.

물론 나도 싫다. 돈을 내고 방송에만 나오면 어떤 책이든 바로 베스트셀러 순위에 오르고, 글의 수준과 오랜 필력이 기대되어서가 아니라 대중적인 유명세로 베스트셀러에 오르는 책을 보면 마음이 아픈 것도 사실이다. 하지만 그래서 더욱 그런 책을 분석하고 관찰한다. 내가 사는 곳을 내가 원하는 곳으로 만들고 싶다면, 먼저 최선을 다해 분석해야 하기 때문이다.

알아야 그 좁은 입구로 들어갈 수 있고,
그 세상을 바꿀 힘을 가져야
원하는 세상으로 만들어나갈 수 있다.
분노와 시기로 도달할 수 있는 곳은
오직 후회라는 섬밖에 없다.

내가 이 글을 쓴 이유는 최근 이런 리뷰를 읽었기 때문이다.

"아이와 작가님 책 내용을 필사하고 있습니다. 처음에는 '사색
이 뭐야?'라고 질문하던 아이는 이제 단어를 찾아보고 함께 필사
를 하며, 자신만의 한 줄을 노트에 적어가기 시작합니다. 작가님
의 다음 책도 정말 기대됩니다."

나는 이 글을 천천히 읽어가며 결국 눈물을 흘리지 않을 수 없
었다. 다른 사람은 모르겠지만, 내게는 이 글이 바로 내가 보고
싶었던 세상이기 때문이다. 책을 읽지 않는 아이에게 독서와 사
색을 알게 하고, 그로 인해서 스스로 생각하는 어른으로 성장하
기를 바라는 마음을 담아 책을 썼기 때문이다. 어른에게도 벅찬

사색이라는 단어를 아이들을 위해 쓰며 사실 나도 매우 고민했다. 쉽게 갈 수도 있었지만 사색이라는 단어를 포기하고 싶지 않아 스스로 어려운 길을 선택해서 몇 년을 시간이 지나는지도 모른 채 걸었다. 오늘의 나는 그렇게 도착한 곳을 걷고 있다.

무언가를 바꾸고 싶다면, 당신이 보고 싶은 세상이 가슴과 머리에서 사라지지 않고 당신을 부른다면, 최선을 다하라. 최고는 타인을 이겨야 얻을 수 있는 말이지만, 최선은 그날그날의 자신을 극복해야 비로소 누릴 수 있는 말이다. 최선은 인간이 무언가를 추구하는 자신에게 줄 수 있는 최고의 찬사다. 그 찬사를 놓치지 마라.

"내 멘탈도 남들처럼 강해질 수는 없을까?"

"쉰 살이 넘었는데도 앞이 보이지 않네."

"이렇게 사는 내가 과연 정상일까?"

사람은 누구나 자기 삶을 살고 싶어 한다. 그 욕망이 사는 내내 위에 나열한 질문들을 멈추지 않게 만든다. 자신과 마주할 때마다 참 아프고 고통스럽다. 그토록 원하는 자기 삶을 살지 못하기 때문이다. 결국 돌아보면 타인이 원하던 삶, 가족만을 위하던 삶, 돈만 좇던 삶, 그 이상도 이하도 아닌 삶이었다.

후회와 자책에 빠지지 않으려면 지금 자신이 머무는 자리에 대해 깊이 사색할 필요가 있다. 삶의 힘은 지금 그 사람이 머무는 공간에서 나오는 것이기 때문이다. 세상에는 나쁜 공간도, 좋은 공간도 따로 없다. 나는 지금 허황된 상상을 하는 것이 아니라 공간, 즉 당신의 위치를 제대로 알아야 한다는 사실을 말하는 것이다. 지금의 나이와 현실에서 세상의 흐름을 바라보아야 당신이 무엇을 할 수 있는지 파악할 수 있다.

출판사에서 마케팅을 담당하던 직원이 새로운 전문 기술을 담은 번역서를 홍보하다가, 몇 달 후에 출판사를 나와 그 전문 기술을 가르치는 사람이 되었다는 말을 들었다. 그는 자신이 일하던 공간을 누구보다 멋지게 활용한 사람이다. 이제는 한국에서 최고의 전문가가 된 그는, 제법 규모가 있는 기업을 운영하며 자신이 꿈꾸던 삶을 살고 있다. 시작은 그가 가장 많이 머물던 공간이었다. 그는 자신에게 맡겨진 전문 서적을 홍보하기 위해 누구보다 깊게 책을 반복해서 읽었고, 체계 있게 공부한 뒤 그 책의 내용을 직접 실천해보겠다고 생각했다.

다시 말하지만, 당신이 지금 머무는 공간을 제대로 활용해야 한다. 우리가 머물 공간은 늘 이동한다. 하지만 지금 머무는 공간을 제대로 활용하지 못하면, 다음에 만날 공간도 의미가 없다. 인생은 공간과 공간의 연결로 이루어지기 때문이다.

나는 지금 책 10권을 기획해서 동시에 쓰고 있다. 자랑도 허풍도 아니라서 공개할 수 있다. 나는 그저 내 공간을 이용할 뿐이다. 좁은 내 방은 내가 원하는 대로 바뀐다. 때론 광활한 대지가 되어 웅장한 음악이 흐르기도 하고, 때론 창밖으로 드넓은 바다가 보이기도 한다. 자신이 머무는 공간의 주인이 될 수 있다면, 당신은 자신의 공간을 10배로 활용할 수 있다. 반대로 스스로 의미가 없다고 생각한다면 어떤 대단한 공간도 무용지물로 전락할 수밖에 없다.

선택과 결정은 당신의 몫이다. 다만 선택하길 바란다. 선택한 순간, 이 넓고 다양한 사람이 모여 사는 신비로운 세상에서 당신 자신으로 사는 삶의 첫날을 경험하게 될 테니까.

감정을 망치는 상황에서 벗어나는 법

이야기를 다 끝낸 후, 혹은 전혀 대화를 하지 않은 상태에서 혼자 뒷말을 하며 비아냥거리는 사람이 있다. 이런 상황은 직장에서도 가정에서도 빈번하다.

"대체 탁자에 둔 책은 언제 치우는 거야?"

"돈이나 좀 그렇게 치열하게 벌어봐라."

"성과가 없는데 외근을 나가면 뭘 해?"

이런 식의 뒷말은 실제로 대화를 할 때보다 작은 소리로 이루어진다. 들으라는 건지 듣지 말라는 건지 모르겠다. 듣는 사람 입장에서는 매우 피곤하며, 얼굴을 마주하며 대화를 나눌 때보다

심한 짜증이 밀려온다.

"대체 왜 뒤에서 속삭이는 거야?"

감정을 망치는 이런 상황에서 벗어나고 싶다면, 일단 그 자리를 벗어나라. 처음에는 분노한 마음을 진정시켜야 한다. "지금 뭐라고 했어?"라고 말하며 따져도 서로에게 남는 것은 별로 없다. 화가 난 상태에서는 말로 해결할 수 없기 때문이다. 겨울에 따스한 곳으로 떠나듯 일단은 그 자리에서 벗어나는 게 낫다.

둘째, 상황을 괜히 자신이 다 끌어안기보다 그 사람에게 미루는 태도가 필요하다. 투정이나 시기, 비열함으로 이루어지는 모든 뒷말은 결국 뒷말을 한 사람의 몫이라고 생각하자. 스스로 마음의 평안을 얻기 위해서라도 모든 뒷처리는 그들의 몫이라고 생각하자. '결국 당신의 감정이니 알아서 하세요.'라고 생각하며 자리에서 벗어나는 것도 지혜다.

셋째는 생산적인 일에 몰두해야 한다. 그 자리를 벗어나라는 말은 직장에서 혹은 가정에서 자신이 해야 할 일을 소홀히 대하라는 것이 아니다. 중요한 것은 혼자 조용히 생각할 시간과 공간을 마련하는 적극적인 행동이다. 소모적인 감정이 소용돌이치는 그 자리에서 벗어난 후, 혼자 조용히 생각하며 앞으로 어떻게 행동을 할지 결정하는 시간이 필요하다. 그리고 마음이 진정되면 이제 당신이 생각한 그 일을 시작하라.

이 모든 과정이 말로는 매우 간단해 보이지만, 1단계에서 그 자리를 벗어나지 못하고 싸움을 시작하면 모든 게 엉망이 된다. 분노는 언제나 우리를 유혹하기 때문에 그렇게 되는 경우가 흔하다. 쉽게 생각하자. 뒷말은 그 사람의 버릇이다. 고치기 힘드니 일단 그 자리에서 벗어나는 게 현명하다. 굳이 그 사람 때문에 내가 시간을 낭비하며 감정 노동까지 할 이유는 없다. 혼돈의 공간에서 벗어나 자신이 감정을 스스로 제어할 수 있는 곳에서, 조용히 앞으로의 행동을 결정하는 시간을 갖자. 언제나 차분하게 대처하는 것보다 현명한 대응은 없다는 사실을 기억하면 일상을 망치는 부정적인 상황에서 벗어날 수 있다.

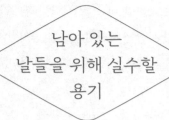

남아 있는
날들을 위해 실수할
용기

자기 삶을 성장으로 이끈 수많은 거장들은 "실패와 실수는 성
공으로 가기 위한 자산이다."라고 말한다. 그런데 어떤 이들은 왜
성공의 기미는 없이 실수와 실패만 반복하는 걸까?

모든 결과에는 나름의 과정과 이유가 있다. 인문학의 목적 역
시 결과를 확인하는 게 아닌, 과정을 통해 더 나은 일상을 보내겠
다는 의지에 있다. 그 관점에서 봤을 때 실패를 성공으로 이끄는
사람에게는 다른 이들에게는 없는 두 가지 용기가 있다.

하나는 자신의 실수를 인정할 용기다. 실수는 그 자체로 빛이

나서 누군가 실수를 하면 바로 그 사람의 실수라는 사실을 알게 된다. 하지만 어떤 사람은 자신의 실수를 숨기거나 포장하려고 거짓말을 한다. 그들의 행동을 두 줄로 압축해서 비판하면 이렇다.

우리는 실수를 한 사람은 바로 알아챌 수 있다.
하지만 거짓말로 숨기는 사람은 발견할 수 없다.

실수는 최고의 자산이지만 그들은 실수를 인정할 용기를 내지 못해 실수를 포장하고 드러나지 않게 한다. 결국 그들은 자신의 실수를 성장의 동력으로 사용하지 못한 채 같은 날을 반복하며 정체된 삶을 산다. 만약 당신이 그런 삶을 살고 싶지 않다면, 자신에게 질문하라.

"왜 그 귀한 것을 숨기는가?"

또 다른 하나는 실력과 운을 명확하게 구분할 용기다. 매우 중요한 부분이다. 뭐든 자신이 원하는 것을 이루는 것은 멋진 일이다. 하지만 세상에는 자신도 모르게 다가와 얽힌 것들을 풀어주는 운이 존재하기 마련이다. 그럴 때 누군가는 "이건 운이 해결한 일이다."라고 고백하지만, 다른 누군가는 "내가 다 했다. 운이 있었다면 그것도 나의 실력이다."라며 운의 존재를 지우려고 한다.

하지만 멈추지 않고 성장하려면 실력과 운을 철저하게 구분해야 한다. 그래야 자신의 현재를 알 수 있고, 무엇이 부족하며 어디에 시간을 투자해야 할지 가늠할 수 있기 때문이다.

앞으로 살아가며 뭐든 하고 싶은 것이 있다면, 그것을 이루게 하는 두 가지 용기가 있으니, 바로 실수할 용기와 실력과 운을 구분할 용기다. 가장 가련한 자는 실수하는 자가 아니라 그것을 몰래 지우는 자다. 실수를 그대로 보아야 한다. 마치 근사한 조각을 바라보는 것처럼 당신의 실수를 관찰하고 분석하고 통찰하라. 성장으로 가는 지도는 실수라는 흔적 위에만 있다.

일과
돈에 대한
사색

나는 경험으로 알고 있다.

"진짜 전문가는 가르치지 않는다."

이유는 두 가지다. 하나는 그 일을 하느라 가르칠 시간이 없기 때문이며, 나머지 하나는 배우기만 한다고 되는 게 아니라는 사실을 알기 때문이다. 조금 더 확실하게 정리하면 이렇다. 무언가를 할 수 있는 사람은 그 일을 하며 살고, 그 일을 할 수 없는 사람은 누군가를 가르치고, 가르칠 수도 없는 사람은 흠을 잡고 산다. 잘 생각해보면 세상에 존재하는 모든 직업이 이 세 가지 삶의 굴레 안에 존재한다.

가짜는 말이 많다. 그것을 말로 대신하기 때문이다.
그러나 진짜는 말이 없다. 매일 그것을 실천하기 때문이다.

당연히 자신이 해야 할 일을 말로만 대신하는 사람의 내일은 불투명하고 두렵다. 만약 내일이 두렵지 않고 기대되는 전문가의 삶을 살고 싶다면, 일과 돈에 대해 당신이 반드시 사색해야 할 몇 가지 중요한 사항이 있다. 크게 네 가지로 정리하면 이렇다.

이 일을 언제까지 할 수 있는가

몸은 영원하지 않다. 건강할 때 버는 돈에 만족하면 건강을 잃은 후의 삶을 대비할 수 없다. "내일도 할 수 있는 일인가?", "내 시간을 투자할 정도로 가치가 있는 일인가?", "내가 제어할 수 있는 일인가?"에 대한 철저한 질문과 답을 반복하며 선택하는 게 좋다. 단순하게 시간과 건강을 소모하는 일이라면 최대한 빨리 멈추고 다음 일을 준비하는 게 좋다. 결단은 빠를수록 좋다. 생명과 건강은 우리가 가진 최고의 재산이기 때문이다.

일상이 내게 기회를 주고 있는가

내게는 일상에서 반드시 지키는 몇 가지 원칙이 있다. 건방지게 보일 수도 있는 원칙을 지키며 사는 이유는, 내 일상이 내게 기회를 주는 순간이 되길 원하기 때문이다. 자신의 원칙을 갖는데 집중하라. 좋아하는 일과 미래를 준비하는 데 투자하는 시간, 배우고 싶은 것에 투자하는 시간을 확보하기 위해서는 일상의 원칙이 필요하다. 자신의 원칙이 없는 사람은 원칙이 분명한 사람에 의해 끌려 다니며 인생을 허비할 가능성이 높다.

재테크를 제대로 할 자신이 있는가

나이가 들면 돈을 버는 일보다 지키는 일이 매우 중요하다. 재테크를 할 준비가 되어 있지 않다면 일단 목표를 세우고 모으는 과정을 거치는 게 좋다. 모으는 과정에서 자신의 삶을 점검할 수 있고, 시간을 벌며 재테크를 연구할 수 있고, 모든 지식을 갖춘 후에는 목돈을 모은 상태이니 효과적인 재테크를 할 수 있기 때문이다. 1만 원으로 1억을 벌 생각을 하기보다는, 1천만 원을 먼저 모은 다음에 1억을 목표로 삼는 것이 현실적이다. 세상은 언제나 우리를 유혹하지만, 그 안에는 수많은 지뢰와 함정이 숨어 있음을 기억하라.

다음 직업을 준비하고 있는가

돈은 있지만 아침에 갈 곳이 없는 사람도 슬프고, 갈 곳은 있지만 쓸 돈이 없는 사람의 삶도 슬프다. 인생은 할 일이 없을 때, 혹은 돈이 없을 때 우리에게 슬픔이라는 고통을 준다. 그래서 늘 다음 직업을 준비하고 있어야 한다. 하나의 직업을 끝까지 이어갈 수 있다면 행복한 삶이지만, 보통은 그게 쉽지 않다. 현직에 있으면서 10년 후에 가질 새로운 직업에 대한 일도 연습하는 게 좋다. 지금의 직업이 자연스럽게 다음 직업으로 연결될 수 있다면 그게 최선의 선택이다.

"자리를 오래 지키자."

우리가 실패로 고통을 받는 이유 중 하나는 한자리에 가만히 있지 못하기 때문이다. 인생도, 재테크도 마찬가지다. 돈이 조금만 손에 들어와도 '이걸 어디에 투자해야 하나?', '뭐 살 게 없나?'라는 생각을 하며 자꾸 없앨 생각을 한다. 왜 희망을 자꾸 없애려고 하나? 앞서 언급했지만 무언가를 구입하거나 투자를 하기 전에 잠시 생각하는 시간을 가져보자. 자꾸 빠르게 없앨 생각을 하면 그 선택에 실망하거나 후회할 가능성이 크다. 세상의 모든 투자자는 뛰어난 사색가가 되어야 한다. 전문가로 성장하는 인생도 마찬가지다. 실패로 고통받지 않으려면 사색하고 또 사색해야 한다. 언제나 한 번 더 생각하고 시작하자. 그것은 한발 앞서 시작하는 것과 같다.

나태한 일상에 익숙해지지 마라. 행운에 기대는 삶에 의지하지 마라. 가진 것을 뽐내는 일상에서 벗어나라. 외면에 빠져 사는 헛된 시선을 경계하라. 낯선 것들은 곧 익숙해진다. 그것은 고통을 가하는 힘도 아니고, 강력한 법과 제도가 주는 강제도 아니다. 세상에서 가장 무서운 힘을 가진 것은 '시간'이다. 시간이 그대를 길들일 것이다.

4장

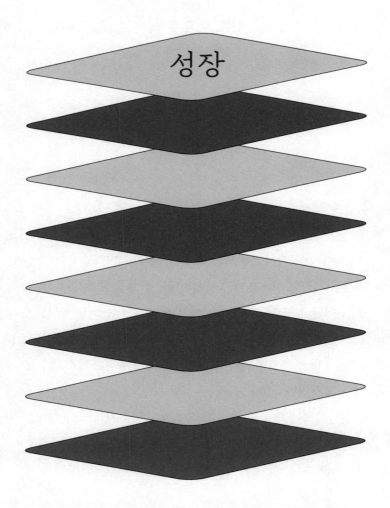

성장

결핍은 어떻게 삶의 철학이 되는가

성장은 결핍으로부터 시작된다

　다양한 종목에서 운동으로 성공한 사람의 이야기를 들어보면, 운동을 시작한 이유가 매우 유사하다는 사실을 알게 된다. 지금은 뛰어난 실력으로 세계 무대에서 뛰는 축구선수나 야구선수, 멋진 근육을 가진 보디빌더, 누구보다 빠르게 달리는 육상선수, 더 높이 더 멀리 뛸 수 있는 모든 종목에서 활동하는 많은 선수들의 시작은 결핍이었다.

　건강이 좋지 않아서, 몸이 약해서, 정신력을 기르기 위해서 그들은 운동을 시작했다. 결핍으로 시작한 운동이 그 사람을 프로의 세계로 이끈 것이다. 참 놀랍고 신기한 이야기지만 충분히 납

득할 만한 이유이기도 하다. 차근차근 이야기를 풀어가 보자.

세상에는 다양한 분야에서 활동하는 수많은 전문가가 있다. 그들은 어떻게 그 분야를 선택해서 전문가의 경지에 이르게 되었을까? 그들의 시작도 마찬가지로 결핍이었다. 전문가가 된 지금도 상황은 달라지지 않았다. 결핍에서 시작해서 지금은 한국을 대표하는 전문가로 성장했지만 그들은 지금도 여전히 결핍을 인지하고 그와 부단히 싸우는 중이다. 이해하기 쉽게 말하면, 상담이 필요한 사람이 상담가로 성장하고, 지금도 상담이 필요한 나날을 보내고 있다. 이것은 나쁜 것이 아니다. 아픈 자신을 상담해야 했기에 그들은 스스로 상담가가 되었다. 마음의 고통을 심하게 겪는 사람이 마음을 치유하는 전문가로, 관계에서 아픔을 겪는 사람이 관계 전문가로 이름을 알린다.

그 일에 대해 치열하게 아파한 사람이
그 일에 대해 뜨겁게 고민하고,
오래 고민한 사람이어야 더 좋은 답을 찾는다.

당신은 무엇으로 아파하는가? 만약 지속적으로 당신을 괴롭히는 것이 있다면 그것을 당신의 직업으로 삼으라는 신호일 수도 있다. 아파한 순간이 지금 아픈 사람을 돕는 자본이 되고, 울었던 나날이 지금 울고 있는 사람을 이해할 근거가 된다. 당신은 고통을 겪는 것이 아니라, 지금 살아갈 자본을 쌓고 있는 것이다.

너무 아프다고, 울고 싶다고 주저앉지 말자.
그대의 결핍은 그대가 성장할 최고의 자산이다.

나는
무엇을
추구하는가

가난하게 살던 한 중년의 주부가 로또 복권에 당첨되었다. 당
첨이 되었다는 소식이 주변에 널리 알려진 후, 그녀에게 무슨 일
이 일어났을까? 그녀에게 일어난 일은 상식을 뛰어넘는 것이었
다. 갑자기 많은 돈을 손에 쥐게 된 그녀에게 돈을 빌려달라거나
투자를 제안하는 사람보다 무언가를 선물하는 사람이 많아졌다.
자기 앞에 놓인 온갖 가전제품과 식재료, 가구를 바라보며 그녀
는 생각에 잠겼다.

"간절히 필요할 때는 아무도 내게 관심을 주지 않았는데, 이제
는 필요가 없는데 왜 이런 것들을 선물하는 걸까?"

나는 이 이야기를 접하고 많은 생각을 했다. 상대적으로 돈이 필요하지 않은 사람은 정작 돈이 필요한 사람들의 돈을 갈취하여 더 여유롭게 살고, 인기가 더 이상 필요 없는 사람은 오히려 그것이 필요한 무명의 사람들의 지지를 받아 더 명성을 떨친다. 물론 가난한 사람들을 진실로 돕는 사람도 있고, 여유가 생기면 뭐든 더 나눠주려는 선한 사람도 많다. 그런데 그건 일상에서 자주 접하기 힘든 상황이다. 그래서 우리는 살아가면서 이런 질문을 거듭 던져야 한다.

"나는 무엇을 추구하는가?"

괴테는 그가 무려 60년 동안 집필한 명작 《파우스트》에서 이렇게 말한다.

"악마는 늙은이다. 그래서 늙은이가 아니면 악마의 말을 알아들을 수 없다."

우리가 악마의 유혹에서 벗어날 수 없는 이유는, 그의 말에서 자유를 얻을 정도의 의식 수준에 도달하지 못했기 때문이다. 적합한 수준에 도달하지 못하면 도저히 이해할 수 없는 말이 있는데, 많은 사람이 그 늪에 빠져 평생을 거기에 붙잡혀 산다. 그래서 다시 이 질문이 필요하다.

"나는 무엇을 추구하는가?"

악마가 추구하는 이념은 언제나 분명하다. 그게 바로 그들의 힘이다. 추구하는 것이 분명한 이를 이기기 위해서는 더 분명하고 강한 자신의 이념이 필요하다.

내가 추구하는 것은 '세상과 사람을 사랑할 수 있는 책을 쓰는 것'이다. 여기에서 조금만 벗어나면 나는 한 줄도 쓰지 않는다. 통장에 수억의 계약금이 입금되더라도 나는 기어코 쓰지 않고 돈을 돌려준다. 악마의 유혹에 내가 빠지지 않는 이유는 분명히 추구하는 원칙이 있기 때문이다. 악마가 정말로 무서운 이유는 세상이 중요하게 여기는 시간과 돈을 중요하게 생각하지 않는 것이다. 그들은 자신이 생각하는 타인의 파멸을 위해서라면 수천 년의 시간과 수천억의 돈도 기꺼이 투자한다. 그들의 유혹에 넘어가고 싶지 않다면 일상을 사는 내내 이 질문을 하자.

"나는 무엇을 추구하는가?"

사색하는
사람만이 돈을 가르칠
수 있다

아무리 여유가 있는 사람도 돈을 언급하면 답답하고 힘들고
어렵다. 강연 의뢰가 들어올 때도 마찬가지다. 상대가 알아서 내
가 평소 받는 강연료를 주면 좋겠지만, 언제나 그런 기대는 어긋
나고 "실례지만 얼마나 드려야 할까요?"라는 말을 이메일이나 전
화 통화에서 직접 묻는 경우가 많다. 그러면 수많은 질문이 그 순
간 내 영혼을 깊게 스친다.

'이걸 내 입으로 말해야 하나?'

'대충 알고 있을 텐데, 알아서 주긴 힘든 건가?'

'다른 방법으로 뜻을 전할 수는 없을까?'

고고한 자태를 보여주는 사람일수록 돈은 어려운 문제다. 그래서 그걸 따로 관리하는 비서가 그들이 마주하고 싶지 않은 그문제를 처리한다. 하지만 대부분의 사람에게는 그런 비서가 없다. 그러나 나는 아래의 질문에 제대로 답할 돈의 원칙을 세운 이후 모든 상황에서 자유를 얻었다.

"무엇을 위해 돈을 버는가?"
이 질문은 중요하다. 내 대답은 '계속 글을 쓰기 위해서'이다. 그러면 필요 이상의 돈을 요구할 이유가 없어서 답하기 한결 쉬워진다. 나는 많은 돈이 필요하지는 않지만 적당한 여유가 주어지지 않으면 곤란하다. 굳이 좋은 옷을 입고 싶지는 않지만, 그렇다고 누가 버린 옷처럼 허름한 옷을 입고 싶지는 않다. 먹는 것에 까다롭게 구는 성격은 아니지만, 매일 같은 것을 먹고 싶은 생각은 없다. 이 모든 나의 선택은 결국 적당한 수준의 돈을 벌어야 해결이 가능하다. 무엇보다 돈 앞에서 우리는 분명해져야 한다. 그리고 다시 또 물어야 한다.
"무엇을 위해 돈을 버는가?"
돈은 머리가 없는 생물이다. 그래서 어느 곳에나 갈 수 있지만 어디로 가야 할지 현명하게 결정하지 못한다. 처음에는 누구도 돈을 위해 일하지 않는다. 하지만 시간이 지나면서 돈을 위해 일하게 되는 이유, 그저 많은 것이 좋은 것이라 여기면서 돈이면 뭐든 하는 이유는, '무엇을 위해'라는 질문 없이 살기 때문이다. 우리는 반드시 기억해야 한다. 내가 벌어서 쌓아두는 돈이 아니라 내가 스스로 선택해서 쓰는 돈이 바로 나의 돈이다. 벌기만 하면 돈은 내게 무엇도 주지 않는다.

돈을 벌고 싶다는 생각은 누구나 할 수 있다. 그것은 안주하고 싶고 생명을 길게 연장하고 싶은 인간의 본능이기 때문이다. 하지만 사색하는 인간이라면 "무엇이 당신으로 하여금 돈을 벌게 하는가?"라는 질문에 답해야 한다. 그래야 당신이 가진 돈을 제대로 쓸 수 있고 끌려가지 않을 수 있다. 머리가 없는 돈은 그것을 가진 사람을 온갖 유혹과 환란으로 인도할 뿐이다.

돈은 인간에게 아무것도 가르치지 않는다.
사색하는 인간만이 돈을 가르칠 수 있다.
'무엇을 위해'라는 질문에 대한 답을 찾아,
당신만의 답을 돈에게 가르쳐라.

욕망을
다스리는
방법

"누구나 쉽게 할 수 있습니다."

주제가 무엇이든 나는 이 문장이 말하는 방향을 믿지 않는다. 세상에 쉬운 일은 없으니까. 반대로 나는 이런 문장을 믿는다.

"너무 힘들어서 중간에 80퍼센트는 중도 하차합니다."

글쓰기, 어학, 각종 기술을 배우는 것 등 세상의 거의 모든 일이 그렇다. 80퍼센트는 언제나 중도에 하차하거나 아예 시작도 하지 않는다. 하지만 돈을 내고 나서 쉽게 포기하는 사람들이 돈이 되기 때문에 "쉽고 빠르게 배울 수 있습니다."라는 유혹의 문구가 빠지지 않는다.

가장 쉬운 예를 들면, 다이어트를 결심한 날 12개월 피트니스 센터 회원권을 엄중한 표정으로 결제하고, 사흘 정도 나간 뒤 나머지 362일은 포기하고 가지 않는 사람이 있다. 피트니스 센터 입장에서는 365일 열심히 다니는 사람보다 사흘만 나오고 12개월치 돈을 다 낸 사람이 돈이 된다. 그러면 누구에게, 무슨 말로 유혹해야 돈을 벌 수 있을까?

답은 간단하다.

그러나 '쉽다'라는 유혹에 빠지면 '어렵다'라는 가치를 영원히 모른 채 살게 된다. 왜 쉬운 방법을 찾는가? 어려워야 생각하게 된다. 그 과정에서 생각이 귀찮은 사람들은 그만두지만, 그 순간을 견디면 '그의 방식'을 '나의 방식'으로 옮길 생각이 떠오른다. 쉬운 방법은 대개 지식수준에 머문다. 어렵게 배워야 그 안에 과정이 준 경험을 넣을 수 있다. 그러니 누군가 당신에게 "쉬운 방법을 알려주겠다."라고 제안하면, "나는 가장 어려운 방법이 필요하다."라고 답하라.

나를 더 힘들게 하는 방법이
나를 살게 할 답이다.

그들의 유혹에서 자유를 얻으려면 자신의 욕망을 다스릴 줄 알아야 한다. 자기 삶의 길을 발견한 인문학의 대가들에게는 모든 순간 반복해서 생각하는 세 가지 원칙이 있었다.

나는 여전히 겸손할 자격이 없다

우리는 언제나 자신에게 실망하고 상처를 준다.

"왜 그때 더 정성을 다하지 못했을까?"

후회는 마음을 아프게 한다. 그러나 곧게 뻗은 지성을 가지려면 긴 시간이 필요하다. 더 많이 실패하고 실망해야 한다. 그래서 더더욱 이런 마음이 필요하다.

"나는 아직 겸손할 때가 아니니, 잘하는 것이 무엇인지 세상에 충분히 설명하자."

대가가 아닌 이상 겸손하다는 것은 오히려 자만이다. 겸손한 태도를 유지하려면 먼저 도전해야 하고 자신이 무엇을 잘하는지 세상에 알려야 한다. 멈추지 않고 달려야 자만에 빠지지 않을 수 있다.

모든 것이 사람이다

인간은 언제나 초심을 잃을 준비를 마친 생명체다. 생명체는 환경의 영향을 받기 때문에 늘 변화한다. 그래서 "모든 것이 사람이다."라는 이 원칙을 철저하게 지키려고 노력하는 게 좋다.

만약 당신이 작가이거나 강사라면 책과 강연, 그리고 각종 제안을 받을 때 한 사람, 한 사람으로 생각해야지, 한 건, 한 건으로 생각하면 애정을 담기 힘들다. 책 한 권을 계약하면 그 안에 책과 함께하는 수백 명이 있다. 한 사람 안에 모든 마음이 있다는 사실을 기억하자. 한 건이 아니고 한 사람이다. 그 사실을 가슴에 품고 살면 욕망에 지지 않을 수 있다.

더 적게 말하고 더 많이 듣는다

나는 사람들이 말하는 것을 듣기 좋아한다. 두 사람 이상이 앉아 조화롭게 대화하는 모습을 보면, 괜히 내가 행복해지는 기분이 들기도 한다. 말이 많을 때가 아니라 서로 들으려고 할 때 아름다운 대화가 시작된다. 그래서 조화롭게 대화하는 두 사람은 아름다운 꽃이다. 욕망의 유혹에 빠진다는 것은 타인의 소리에 귀를 기울이지 않는다는 것을 의미한다. 언제나 주변 사람과 아름답게 소통하는 풍경을 추구하자. 꽃밭을 바라보며 느껴지는 행복을 외면하지 말고 더 적게 말하고 더 많이 듣는 태도를 원칙으로 삼자.

이 세 가지 원칙을 지킬 때 우리는 자신의 욕망을 잘 다스릴 수 있다. 그리고 이것 하나를 더 기억하자. 좋은 일이 생겼다고 우쭐대면서 "나는 뭐든 할 수 있어."라는 기분에 도취되거나, 안 좋은 일이 생겼다고 갑자기 "내가 그럼 그렇지."라는 우울한 감정에 휩싸이지 않겠다는 것을!

늘 자신에게 이렇게 말하자.

"나는 언제나 나를 유지할 것이다. 세찬 바람이 부는 날이든 평온한 날이든 상관없이 나는 늘 '아, 이게 바로 내가 추구하는 나지!'라는 생각이 들 정도의, 딱 그만큼의 나를 유지할 것이다. 나는 지금의 내가 좋다. 나를 구성하는 모든 나를 사랑한다."

나를
치유할 사람은 오직
나 자신뿐

'이 사람이 내 마음을 치유해주겠지?'

이런 마음으로 자신을 치유해줄 사람을 만난다면, 미안하지만 100퍼센트 실망하고 돌아설 가능성이 높다. 치유를 위해서는 스스로 치유하기로 결정한 당사자가 필요하다. 상대는 단지 당신의 영혼 어딘가에 있는 치유 스위치를 눌러줄 뿐, 치유에 필요한 힘과 지혜를 주는 주체가 될 수는 없다.

내 강연에 참석하는 사람들도 마찬가지다. 전국 각지에서 오기 때문에 다양한 사연이 있다. 일단 시간을 아끼고 아껴서 참석하는 경우가 대부분이고, 회사에 연차를 내고 새벽에 열차를 타고 오는 경우도 있다. 혹 대중교통을 이용하기 힘들 때는 단지 강연에 참석할 목적으로 태어나 처음 고속도로 운전을 시도하기도 한다. 내 강연이 특별해서가 아니라, 나를 찾아주는 그들의 마음이 특별해서 변화가 시작된다. 회사에 연차를 내는 동시에, 태어나 처음으로 고속도로에 진입한 동시에, 그들의 마음은 이미 자신의 선택으로 빛나고 아름다워졌다.

스스로 자기 감정을 치유할 수 있다고 믿는 마음이 중요하다.

"저 사람이 나에 대해 안 좋은 소문을 내고 다니면 어쩌지?"

어떤 일을 계기로 관계가 악화되면, 나를 미워하는 그 사람을 보며 이런 생각을 하게 된다. 걱정은 그때부터 우리를 괴롭힌다.

'저 사람을 달래야 하나?'

'사람들에게 나는 그런 사람이 아니라고 미리 말할까?'

수많은 고민들이 우리를 잠들지 못하게 한다. 그때 이런 생각으로 상황을 뒤집어보자.

나를 좋아하는 사람 몇 명은
내 삶을 아름답게 바꿀 수 있지만,
나를 미워하는 사람 몇 명은
내 삶에 아무런 영향을 줄 수 없다.

자신을 좋은 상태로 두려는 마음이 중요하다. 그래야 자신을 스스로 치유할 수 있다. 좋은 마음은 끝없이 멀리 퍼지지만, 나쁜 마음은 시작하자마자 힘을 잃는다. 타인을 향한 비난과 분노에는 앞으로 나아갈 힘이 없기 때문이다. 이제 걱정은 저 멀리 던지고, 나를 미워하는 사람과 힘들게 하는 상황에서 벗어나자. 그리고 그 시간에 사랑하는 사람을 더 많이 생각하자. 우리의 사랑이 미움을 돌릴 수 있게 늘 곁에서 온기를 전해주는 사람들을 조금 더 사랑하자. 미움은 우리를 멈추게 하지만, 사랑은 우리를 앞으로 나아가게 한다. 우리의 순간은 그렇게 영원히, 아름답게, 찬란히 빛난다.

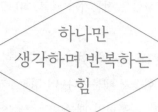

하나만
생각하며 반복하는
힘

한 기자의 질문에 최고의 수영 선수 마이클 펠프스가 자신의 훈련법을 공개했다. 얼마나 창의적인 방법으로 훈련하고 있을까? 그러나 그가 내민 답은 실망스러울 정도로 평범했다.

"오늘이 무슨 요일인지도 몰라요. 날짜도 모르죠. 저는 그냥 수영만 해요."

김연아도 옆에서 거든다.

"훈련할 때 무슨 생각을 하냐고요? 무슨 생각을 해, 그냥 하는 거지."

타인의 방법을 따라 하는 사람은 조직의 노예가 되고, 방법을 찾아서 일을 하는 사람은 전문가가 되고, 하나만 계속하는 사람은 대가가 된다.

하지만 다 알면서도 하나만 선택해서 반복하는 삶이 힘든 이유는 혼자가 되기 힘들기 때문이다. 더 정확하게 표현하면 혼자 보내는 시간을 견디지 못하기 때문이다. 자신에게 집중하며 자신을 삶의 중심에 두라는 말을 귀로는 듣지만 삶에서 실천하는 건 매우 힘들다.

적당한 바람과 따스한 햇살만 있다면 좋겠지만, 인생에서 그런 잔잔한 날은 극히 드물다. 내가 의도하지 않은 일이 일어나거나, 타인의 오해나 실수로 생긴 일에 대한 극심한 비난 여론에 힘들 때도 있다.

고독을 즐기는 것도 어려운 일이지만, 자신을 비난하는 소리를 가슴에 담은 상태로 자신의 삶에 집중하기란 보통 의식 수준으로는 불가능하다. 당장 달려가서 해명하고 싶고 자신의 생각을 분명히 전하고 싶은 강한 욕망이 머리를 가득 채우고 있을 것이다. "나는 연약하며, 동시에 착하고 정직하다."라는 말로 자기를 합리화하고 타인의 비난과 조롱에서 자유를 얻고 싶기 때문이다. 하지만 그러한 해명이나 변명이 과연 그에게 자유를 줄까?

그럴수록 철저히 혼자가 되길 바란다. 자신을 비난하며 오해하는 100명을 만나 하나하나 해명하며 잠시 오해를 풀 수는 있지만, 그것 또한 정말 순간적인 자유일 뿐이다. 그들은 머리카락을 흔들 수도 없는 약한 바람에 다시 흔들려 방금 돌아선 당신을 오해하고 비난할 것이다. 그럴 때마다 그들을 찾아가서 오해를 풀 수는 없다.

오해는 결국 내가 준 것이 아니라, 그들이 그렇게 받아들여서 결론 낸 것이다. 가끔은 당신이 빌미를 제공할 수도 있지만, 그것 또한 만나서 해결할 문제는 아니다. 빌미를 제공한 자신의 일상을 바꿔야지 말을 바꿔서 해결할 문제가 아니기 때문이다. 누구도 신경 쓰지 말고, 오직 자기 자신을 위해 철저히 혼자가 되라. 혼자로 남을 용기를 내라. 당분간의 손가락질은 웃으며 받을 여유와 의지를 가지자. 곧 당신이 웃을 날이 올 테니까.

당신의 삶은 무엇을 위한 삶인가? 단순히 오해와 비난을 받지 않기 위해 수백 명을 찾아다니며 변명하는 삶인가, 아니면 자신에게 집중하며 보냄으로써 자유를 누리는 삶인가? 굳이 변명하지 않고도 당신의 삶으로 진실을 증명할 수 있다.

당신이 자기 자신에게 집중하면 수백 명, 아니 수천 명의 마음도 얻을 수 있다. 그렇게 얻은 마음은 쉽게 사라지지 않는다. 나는 분명히 그렇게 말할 수 있다. 당신의 삶 자체가 당신에게서 떠나갈 수 없는 모든 증거이므로. 혼자로 남는 것은 피하거나 숨는 것이 아니라, 존재의 근거를 만드는 시간이다.

찾아가지 말고 찾아오게 하라.
변명하지 말고 깨닫게 하라.

도움을 주는
사람이
되고 싶다

음악, 미술, 건축, 철학, 정치, 경제, 기획, 마케팅 등 세상에 존재하는 그 수많은 분야에서 우리가 대가라고 부르는 사람들에게 "당신을 여기까지 이끈 힘이 무엇입니까?"라고 물으면 대부분 이렇게 대답한다.

"도움을 주는 사람이 되고 싶었습니다."

대가라고 해서 멀리에 있거나 우리가 범접할 수 없는 사람은 아니다. 그들은 그저 하나의 일을 선택해서 남들보다 오래 그 일을 한 사람이다. 누구나 스스로 선택한 일을 오래 지속하면 대가가 될 수 있다. 다만 우리가 그 과정에서 갖기 힘든 것이 대가들이 품은 '도움을 주는 사람'이 되고 싶은 마음이다. 인간의 욕심이 그 마음을 자꾸 지우기 때문이다. 욕심이란 물질적인 것만 말하는 것이 아니다. 타인에게 잘 보이고 싶은 마음, 하나를 하고 둘을 한 것처럼 보이려는 마음, 자신에게 없는 지식을 있는 것처럼 속이려는 마음이 모두 욕심이다.

나는 쓰고 사색하는 일을 수십 년 지속했다. 매일 원고지 50매이상을 쓰고 있으며, 그것 또한 원고지 100매 이상을 쓸 사색이 준 영감에서 간추린 것들이다. 사색하고 압축하여 가장 좋은 것만 전하고 싶은 마음의 결과다. 내가 운영하는 각종 SNS 계정에는 자신이 운영하는 쇼핑몰과 판매 상품을 홍보하려고 들어오는 사람들이 많다. 그들은 자신의 글을 더 눈에 띄게 하려고 애쓰는데, 나는 그들의 글을 삭제하거나 안 좋은 마음으로 바라본 적이 없다. 오히려 이런 마음으로 그들을 맞이한다.

"내 채널에 더 많은 구독자가 찾아와서 그들이 운영하는 사이트로 더 많은 분이 찾아갈 수 있으면 좋겠다."

내게 도움을 줄 가능성이 전혀 없는 사람일지라도 도움을 주려는 마음은 진실한 것이리라 나는 굳게 믿는다. 물론 건전하지 못한 사업이나 반복해서 같은 글을 연달아 게재할 경우에는 제재를 하지만, 글을 공유하는 데 영향을 주지 않으면 오히려 그들을 반긴다. 그들에게 도움을 주기 위해 나는 더 열심히 글을 쓰고 사색한다. 좋은 글이 많다는 소문이 나서 많은 구독자가 찾아오면 그들의 홍보에도 도움이 될 수 있기 때문이다. 그들에게 도움을 주려는 마음이 결국 내게도 도움이 되는 것이다.

물론 그런 마음을 품는 게 쉽지는 않다. 처음이 항상 어렵다. 하지만 관점을 바꾸면 그리 어려운 일도 아니다. 현재는 그에게 도움을 받을 가능성이 전혀 없더라도 먼저 뭔가를 주려는 마음을 가지는 게 중요하다. 세상이 부여한 가능성을 지우고, 우리 마음에 담은 믿음이 부여한 가능성만 생각하는 것이다. 세상이 정한 원칙과 기준은 언제나 멋진 인생을 살기에는 너무 지루하다. 근사한 인생을 살고 싶다면 세상이 아닌 자신의 원칙을 적용하며 사는 게 좋다.

더구나 도움을 주려는 마음은 그걸 가진 사람을 멈추지 않게 한다. 자기 분야의 대가로 성장할 수 있다는 말이다. 평생 하고 싶은 무언가를 선택했다면 경제적 가치는 잊고 누군가에게 도움이 되려는 마음만 품고 시작하자. 후회하지 않을 것이다.

제대로 늙는 연습도 필요하다

'겉늙었다'는 말은 나이보다 외모가 늙어 보인다는 말로 사용하지만, 나는 다른 것을 본다. 속은 늙지 않고 나이가 들어 겉만 늙었다는 뜻이다. 가장 비참한 노년은 겉만 늙어버린 인생을 사는 것이다. 겉이 늙는 동안 속도 함께 익어가야 하는데, 충분한 사색과 실천 없이 산 세월은 그런 근사한 삶을 허락하지 않는다.

아직 푸른 청춘에게도 나는 겉늙어버린 청춘이라고 부르기도 한다. 나이만큼 속이 익지 않으면 나이와는 상관없이 겉늙은 것이다. 우리는 언제라도 제대로 늙기 위한 연습을 해야 한다. 그러자면 일상의 사색을 자극할 다섯 개의 질문이 거듭 필요하다.

- 나는 누구인가?
- 나는 어디로 가는가?
- 나는 왜 그곳으로 가는가?
- 그곳에서 나는 무엇을 보는가?
- 경험해서 배운 것을 누구와 나눌 것인가?

"모든 것을 바꿀 수 있지만 가난한 사람은 구제할 수 없다."

"성장하려면 가난한 사람과 어울리지 마라."

이런 식의 표현이 세상에는 참 많다. 사실일 수도 있으나 다분히 폭력적이다. 이런 표현이 나는 참 아프다. 미국에서 노숙자들에게 매달 30만 원을 주며 그들의 행동을 관찰하는 실험을 했다. 30만 원을 받은 그들 중 다수는 그 돈을 모두 술과 담배로 소비했다. 가난한 사람들의 습성은 바뀌지 않는다는 세상의 말을 그들이 증명한 셈이다. 하지만 놀라운 일이 일어났다. 매달 주는 돈을 30만 원에서 80만 원으로 올리자, 소비에만 초점을 맞추던 그들의 일상이 극적으로 바뀌었다. 그들은 저축을 하기 시작했다. 술과 담배를 자제하고, 혹은 완전히 끊고 그 돈을 아껴 저축을 선택한 것이다. 다시 말해서 삶의 희망을 가지기 시작했다.

이 실험은 우리에게 매우 많은 의미를 부여한다. 복지나 지인의 도움으로 우리는 30만 원 정도는 받을 수 있다. 하지만 80만 원은 현실에서 불가능해 보이는 액수다. 이것을 일반적인 상황에 대입했을 때, 30만 원은 스스로 일을 해서 누구나 벌 수 있는 액수라면, 80만 원은 마치 억대 연봉처럼 꿈의 숫자다.

우리의 현실은 언제나 30만 원에서 멈춘다. 그래서 현실을 극복하기 위해서는 자신의 의지가 중요하다. 어렵고 힘들지만, 가난과 실패가 자신의 본래 성향까지 못되게 만들지만, 그것을 모두 이겨내고 자기 자신에게 50만 원의 희망을 줘야 한다. 스스로에게 매달 50만 원의 희망과 가치를 줄 수 있는 사람만이 원하는 것을 얻을 수 있다.

세상이 우리에게 줄 수 있는 금액은 언제나 적다. 노력으로 얻을 수 있는 결과도 언제나 만족스럽지 않다. 하지만 그 단계에서 희망을 버리면 그 사람의 인생은 앞으로 나갈 수 없다. 자신에게 50만 원의 희망을 줄 수 있는 사람만이 마침내 희망의 종착지에 도달할 수 있다. 세상이 당신을 출발선에 세울 수는 있지만, 달리는 것은 당신의 몫이다. 태양은 언제나 빛을 주지만, 빛나는 것은 당신의 몫이다. 낡은 신발과 허름한 옷에 신경을 쓰지 말고, 거대한 희망을 보며 출발할 수 있다면 종착지에 도달할 수 있다.

지금 시작하는 것이 중요하다. 삶이 그대를 힘들게 할수록 앞에서 나열한 다섯 가지 질문을 스스로에게 반복해서 하고 사색의 시간을 갖도록 하자. 내가 여기서 친절하게 각각의 사항을 설명하지 않은 이유는, 인생 자체가 친절한 것이 아니기 때문이다. 하지만 사색이 있어 우리는 까칠한 그 인생을 여유롭게 살 수 있다. 제대로 늙는 연습을 한다면 노화를 변화의 시기로 활용할 수 있다. 늙을 것인가, 변화할 것인가?

사색하는 힘이 곧 살아가는 힘이다.

우리가 생각하는 이유는 자신의 가치를 정확하게 판단하기 위해서다. 자신의 가치를 숫자로 정확하게 밝히는 것은 냉정하거나 돈만 아는 사람의 표본이 아닌, 자기 가치에 대해 치열하게 사색한 사람이 보여줄 수 있는 숭고한 정신이다. 자신의 시간당 가치, 더 나아가서는 분당 가치까지 철저하게 정하고 원칙대로 지킬 수 있어야 비로소 세상에 존재하는 수많은 생물과 무생물의 가치도 측정할 수 있다. 자기 가치도 모르고 세상에 나온 사람은, 지금 자신이 무슨 말을 하고 있는지도 모르면서 그 이야기를 상대가 이해하기를 바라는 사람과 같다. 혼란스러운 시장에서는 일단 흔들리지 않아야 제대로 볼 수 있고, 무언가를 손에 쥘 수 있다. 당신의 가치를 먼저 읽어라. 그러면 세상도 저절로 읽힌다.

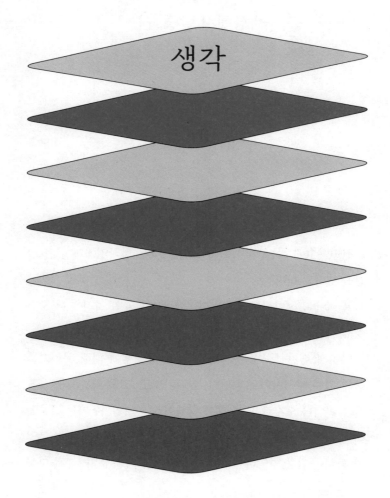

5장

생각

나는 왜 그렇게 생각하는가

비좁은 세상에서 탈출하는 방법

산티아고에 사는 한 사람이 그곳을 찾은 한국인에게 이런 질문을 했다고 한다.

"한국에 전쟁이라도 났습니까? 한국 사람들이 여기에 다 모인 것 같아요."

마치 유행처럼 수많은 사람이 세상과 인생에 대해 무언가를 묻기 위해 여기저기로 떠난다. 산티아고도 그렇지만 국내로, 혹은 유럽이나 오지로 떠나 "대체 인생이란 무엇인가?"라는 질문을 하며 많은 시간을 보내고 돌아온다. 그러나 그들의 입에서 무언가 확실한 답을 찾았다는 이야기를 들어본 적은 없다. 그저 다시 돌아와 떠나기 전처럼 한숨을 내쉬면서 일상을 반복하며 사는 모습만 봤을 뿐이다.

나는 오히려 그들에게 이렇게 묻고 싶다.

"왜 그렇게 자꾸 인생에 대해 묻기만 하는가? 인생이 당신에게 묻는 말은 왜 듣지 못하나?"

그렇다. 우리의 소중한 일상은 매일 우리에게 간절히 묻는다.

"너 오늘 어떤 마음으로 하루를 보낼 예정이야?"

"저기 무거운 짐을 들고 가는 노인이 있는데 어쩔 예정이야?"

"매일 두 시간 독서를 한다는 목표를 세워놓고 오늘은 왜 지키지 않는 거야?"

일상은 참으로 감사하게도 매 순간 우리에게 이렇게 질문하며 우리가 길을 잃지 않고 제대로 살 수 있게 도와준다. 다른 나라에 가서 고생하지 않아도, 가만히 앉아 내면의 소리만 들어도 우리는 제대로 살 수 있다. 오히려 지금 자신이 사는 그 자리에서 무언가를 듣지 못하는 사람은 어디로 떠나더라도 변화를 느낄 수 없을 것이다. 나는 《아이를 위한 하루 한 줄 인문학》에서 이런 글을 인용했다. 세계적인 에세이스트 로버트 풀검(Robert Fulghum)의 말이다.

"아이들이 당신의 말을 듣지 않는다고 걱정하지 말고, 아이들이 언제나 당신을 지켜보고 있다는 사실을 걱정해라."

마찬가지다. 왜 우리는 자꾸만 인생에 대해 묻기만 하는가? 일상이 자신에게 간절하게 던지는 질문은 외면하면서 왜 인생이 공평하지 않다며 불평하는가?

물론 그렇게 된 이유가 있다. 고개를 돌릴 여유도 없을 정도로 자기 공간에 독선적인 생각만 가득 채웠기 때문이다. 누구나 자신이 사는 공간이 있다. 어떤 사람은 넉넉하게 공간을 활용해서 사방을 바라보며 살아간다. 하지만 독선적인 사람은 이미 모든 공간에 자신의 확고한 생각을 가득 채워서 사방을 둘러볼 여유가 남아 있지 않으며 세상의 소리 또한 듣지 못한다.

"나는 왜 그렇게 생각하는가?"

이것이 그 비좁은 세상에서 나올 수 있게 돕는 질문이다. "다른 사람이 그러더라고요.", "뉴스에서 나온 말인데요….", "책에서 읽은 내용이에요.", "강연에서 들은 말인데요…."라는 식으로 주장하는 모든 의견은 조금 더 많은 사색이 필요한 얕은 수준의 생각이다.

말의 중심에는 반드시 "나는 왜 그렇게 생각하는가?"에 대한 자기만의 확실한 답이 존재해야 한다. 진지하게 접근해야 하며, 충실히 사색해야 한다. 그래야 비로소 지금까지 귀 기울이지 못했던, 일상이 물어오는 절실한 소리를 들을 수 있다. 누구든 생각이 있다. 하지만 왜 그렇게 생각하는지 자기만의 이유를 말할 수 없는 사람은, 명확한 이유를 가진 사람의 명령을 듣고 살게 된다. 더욱 고통스러운 것은 그런 사실조차 모른 채 이용만 당한다는 것이다.

당신을 발견하라.
일상의 질문을 듣고 성찰하라.

자신과 멀어지지 않는 사색

지식을 쌓는 것은 쉽지만, 그것을 실천하는 것은 매우 힘든 일이다. 그래서 지식은 배움의 영역이고, 지혜는 경험의 영역이라고 일컫는다. 여기저기에서 배워 많이 알지만, 하나도 실천하지 않고 사는 사람이 많다. 제대로 배우지 않았기 때문이라고 생각할 수도 있지만, 문제는 전혀 다른 곳에 있다. 흔들리기 때문이다. 흔들리는 배에서는 중심을 잡을 수 없다. 그래서 우리는 배우면 배울수록, 나이가 들면 들수록 자신을 잃고 방황하게 된다. 그 방황과 흔들리는 삶의 원인은 뭘까? 자신이 바라는 대로가 아니라 상대가 원하는 대로 움직이기 때문이다.

누군지도 모르는 사람에 의해 우리의 삶은 흔들리고 있다. 조금 더 정확하게 표현하면, 세상이 바라는 대로 움직이며 살고 있다. 우리 주변에는 지식의 실천을 막는 수많은 장치가 있다. 세상에 널린 온갖 '수치심'이 바로 그것이다. 평균과 비슷하거나, 크게 다르지 않게 말하고 살기 위해 자신이 정말로 원하거나 추구하고 싶은 것을 꺼내지 못한다. 그게 바로 아무리 새로운 것을 배워도 삶이 새로워지지 않는 가장 큰 이유다.

많은 사람이 대체로 다음과 같은 일상을 살고 있다.

- A를 추구하는 사람을 만나면 그에 대한 이야기만 하고 마치 거기에 찬성하는 사람처럼 말한다.
- 간혹 그런 자신이 싫지만 괜히 대화를 중단하거나 분쟁을 벌이고 싶지 않아서 계속 장단을 맞춘다.
- 물론 용기를 낼 때도 있다. 하지만 내 의견에 아무도 동의를 하지 않으면 불안해져 바로 다수의 의견 쪽으로 급히 방향을 돌린다.

왜 우리는 다른 생각을 추구하면서 정작 그것을 말로 꺼내지 못하는 걸까? 진짜 자신의 모습을 드러낼 용기가 필요하다. 자신과 멀어지지 않는 사색을 통한 다음 네 가지 실천으로 흔들리지 않는 자신의 삶을 살아가길 바란다.

- 거짓 없는 나의 생각을 말하기
- 세상이 아닌 나의 기대를 밝히기
- 마음을 열고 솔직하게 자신과 대화하기
- 과장하지 않고 자연스럽게 존재하기

살면서 가장 불행한 일 중 하나는 자신과는 멀어지고 세상이 내게 요구하는 생각과 행동을 하며 사는 것이다. 세상과 가까워지면 자신과 멀어진다. 그것은 다수의 행복도 아니며, 분위기를 잘 맞추며 사는 것도 아니다. 그저 스스로 세상의 부품이 되어 살아가는 것이다. 우리가 사는 목적은 이상한 사람(괴짜)이 되지 않으려는 데 있지 않다. 그런 세상의 기준은 버려라. 내게는 내가 가장 소중하며 나의 기대와 소망이 먼저 충족돼야 한다는 사실을 기억해야 한다. 온갖 수치와 평균의 유혹에서 벗어나 당신이 정한 삶의 수치를 주장하라.

"그대를 그대로 드러내라.
그대의 생각을 믿고, 내면의 강도를 높이며,
그대의 입술을 신뢰하라."

혼자를
견딜 힘

아이들은 태어나자마자 누군가 만든 교육의 틀에 갇혀 청춘의 시간이 끝날 때까지 비슷한 것들을 머리에 입력한다. 그렇게 우리는 누가 더 잘 입력했는지 평가하기 위해 만든 시험을 보고 거기에서 받은 좋은 점수와 등수를 자신을 지키는 유일한 무기로 삼는다. 직장에 입사한다고 끝나는 것이 아니다. 각종 시험과 평가로 죽는 날까지 자신의 삶을 주체적으로 이끌지 못하고 영문도 모르고 끌려간다.

시간은 살아 있는 모두에게 공평하게 주어진다. 하지만 세상에는 자기 시간을 더욱 잘 사용하는 사람들이 있다. 자신을 관찰하며 깨닫는 데 시간을 쏟는 사람들이다. 그런 시간을 보내고 싶다면 먼저 마음껏 하고 싶은 생각을 하며, 살고 싶은 대로 사는 세월이 필요하다. 자신에 대해 깊이 생각한 적이 없는 사람이 어떻게 꿈과 희망, 인생에 대해서 답할 수 있을까? 어떤 답도 내놓지 못하고 내내 방황만 하며 사는 것이 오히려 당연한 수순이다.

나는 세상에서 가장 강한 사람은 몸집이 크거나 지위가 높은 사람이 아니라, '혼자를 견딜 힘'을 가진 사람이라고 생각한다. 그는 자신과 세상에 대해 아주 진지하게 생각한 경험이 있는 사람이기 때문이다.

나는 진지하게 생각하는 것을 좋아한다. 세상은 장난기 어린 눈으로 "뭐가 그렇게 진지해?"라고 말하지만, 때로 우리는 누구보다 진지하게 무언가를 생각할 시간이 필요하다. 진지하게 생각한 시간이 그 사람에게 자신을 제대로 알 기회를 주기 때문이다. 이에 동의한 소크라테스도 이렇게 말한다.

"너 자신을 알라."

많은 사람이 이를 자신의 부족함을 알라는 의미로 해석한다. 하지만 무언가를 진지하게 고민해본 사람은 이면에 숨은 정말로 중요한 부분을 본다. 부족함이 아니라 "너의 장점을 발견하라."라는 글자를 발견하고, 이렇게 연결해서 해석한다.

"진정 배움을 추구하려면 자신이 여전히 모른다는 사실을 알아야 한다. 그러나 반드시 하나가 더 필요하다. 자신의 장점을 아는 것이다. 장점을 아는 사람만이 자신에게 무엇이 부족한지 알 수 있기 때문이다."

그래서 진지하게 일상을 사색하는 시간이 필요하다. 진지한 사색은 그간 쉽게 지나친 일상에서 색다른 영감을 발견할 수 있게 돕고, 누군가 만든 고정된 틀에서 벗어나 자기 삶을 살도록 돕기 때문이다. 틀에서 벗어나 진지하게 내면을 바라보며 사색에 잠기자. 모른다는 사실을 깨닫고 끊임없이 배움을 추구하자.

현실을
이겨내는 생각의
전환

"청년 구직, 더 힘들어져…."

"세계 경제 불확실성 커져…."

방송과 신문에서 거의 매일 듣는 말이다. 사는 게 좋아졌다는 말은 들은 적이 없다. 그만큼 사는 게 쉽지 않은 시대다. 많은 사람이 풀리지 않는 자기 삶을 마주하며 답답한 마음에 한숨을 쉬고 있을 것이다. 지금 사는 게 힘들거나, 원하는 일이 뭔지 모르겠거나, 뭔지는 아는데 제대로 풀리지 않는 기간이 꽤 오래된 상태라면 다음과 같은 방식으로 생각을 전환하자.

어떤 경우에도 이름을 버리지 마라

삶이 어려울수록 유혹에 빠지기 쉽다. 변명하기 쉽기 때문이다. 하지만 그럴수록 자신을 지켜야 한다. 만약 지금 누군가 당신에게 나쁜 일을 도모하며 어떤 직책이나 숫자로 유혹하면 이렇게 용기 있게 거절할 수 있어야 한다.

"나는 직책이나 숫자가 아닌, 나의 이름으로 살겠다."

누구나 자기 이름으로 일어서야 한다. 힘들어도 그게 순리다. 거대한 자본, 혹은 교묘한 특혜라는 이름에 당신의 이름을 빼앗기지 마라.

애매모호한 생각을 버려라

"세상의 평화를 위해 살아야지." "돈은 벌면 좋고, 없으면 그냥 살면 되는 거지." 이런 애매한 생각은 결국 애매한 현실을 만든다. 현실을 스스로 시시하다고 생각할 수도 있다. 하지만 생각이 그런 식으로 흐르면 곤란하다. 그게 쌓여 더욱 시시한 삶이 되기 때문이다. 또한 세상의 평화를 위해 살겠다는 말은 좋지만, 분명해야 한다. 어떤 방식으로 평화에 기여할 것인지 정확한 방향을 정해야 한다. 그래야 길을 찾아 움직일 수 있으니까. 확실하게 하자. 그래야 삶도 확실해진다.

자신을 돕겠다는 생각을 먼저 하라

착한 마음은 좋다. 하지만 착한 마음을 가지고 있지만 여전히 일이 잘 풀리지 않는다면 "착하다는 것이 뭔가?"라는 질문을 던져서 자신의 상태를 확인하는 게 좋다. 자신은 망하지만 타인을 위해 사는 것이 착한 걸까? 착해서 불행한 사람의 손을 잡으며 상대는 행복을 느낄까? 그렇지 않을 것이다. 행복하게 사는 사람이 손을 내밀 때 그 손을 잡은 사람의 마음도 행복해진다. 일이 잘 풀리지 않아 힘들다면, 그걸로 불행하다면 먼저 자신을 돕겠다는 생각을 하라. 스스로를 제대로 돕고 난 이후에 누군가를 위해 손을 내밀자. 그게 순리다.

어떤 그룹에도 속하지 마라

사람이 너무 어려워지고 희망이 사라지면 여러 사람이 모인 장소에 가서 희망을 얻으려고 하는데, 그건 대개 최악의 결과로 이어진다. 그런 그룹은 그들의 마지막 남은 피를 뽑아 자기 배를 불리는 방식으로 운영될 가능성이 높기 때문이다. 선의로만 운영되는 조직은 많지 않다. 또한 그런 조직의 생리를 웬만한 안목으로는 분별하기 어렵다. 그러므로 철저히 개인이 되어야 한다. 개인의 경쟁력은 혼자만의 시간으로 쌓이며 단단해진다. 자신의 경쟁력을 잘 모르는 타인에게 순전한 호의로 전수해주는 사람은 세상에 없다. 또한 경쟁력이 그렇게 충전하듯 전해지는 것도 아니다. 조직에 속하면 자꾸 기대려는 마음이 커지고 나중에는 그게 실망으로 남아 분노만 쌓인다. 혼자 해결하자는 생각으로 살자. 그래야 경쟁력이 높아진다.

타인의 어깨를 빌리려는 시도를 접어라

"거인의 어깨 위에 올라서라."라는 말이 있다. 좋은 말이다. 찬성이다. 하지만 어떻게 올라갈 것인가? 마음만 먹으면 쉽게 올라갈 수 있을까? 높은 곳에 오를 기초 체력이 필요하다. 그것은 목표를 설정하는 힘, 일상을 대하는 태도, 혹은 사람을 대하는 마음일 수도 있다. 그리고 그런 것들은 혼자 해결해야 하는 문제들이다. 일이 제대로 풀리지 않는 날이 이어지면 많이 힘들다. 나도 그랬고, 지금은 정상에 올랐지만 과거 출발선에 서지도 못한 채 아파하던 수많은 대가들도 그랬다. 하지만 그들이 절대 입 밖으로 내지 않았던 소리가 하나 있다. "도와주세요."라는 말이다. "어려우니 좀 도와달라."라는 말은 가능하면 입 밖으로 꺼내지 말자. 인식을 바꾸면 가능하다. "지금은 너무 어려운 시기다."라는 생각이 아닌, "지금은 어려움을 배우는 시기다."라는 관점으로 자신의 현재를 살펴라. 그러면 현실의 고통스러운 나날을 배워서 지혜를 발견할 시기로 바뀔 것이다.

"왜 굳이 힘들게 생각을 전환해야 하는가?"라고 물을 수도 있다. 거기에 나는 이렇게 답하고 싶다.

지금까지 그대가 반복했던 생각이
삶에 도움을 주지 않았다면,
생각을 전환하는 것이
삶을 바꿀 가장 좋은 방법이다.
지금까지 생각한 것이
오늘 그대가 처한 현실이니까.

지옥으로 가는 길은 선의로 포장되어 있다

내가 좋아하는 말이자 삶에서 늘 기억하며 선택 앞에서 원칙으로 적용하는 공식 중 하나다. 지금 만약 당신이 어떤 일로 어려움을 겪고 있다면, 그것은 천국으로 가는 길 위에 있음을 증명하는 현실일 수 있다. 지옥으로 향하는 길은 자신이 지옥을 향해 나아가고 있다는 사실을 알려주지 않는다. 그리하여 노력 이상의 것을 원하는 사람들을 유혹한다.

편안한 것만 찾으며 살면
곧 할 일이 없어 편안해질 것이고,

쉬운 것만 하며 시간을 소비하면
곧 세상이 다루기 쉬운 사람으로 전락할 것이다.

그래서 우리는 더욱 사색해야 한다. 사색하지 않으면 "이 정도면 됐지." 혹은 "적당히 하면 알아서 되겠지?"라는 말을 입에 달고 살기 때문이다.

우리 모두는 무언가를 만들어서 타인에게 팔고 있다. 그것이 아이디어든, 물건이든, 말이든, 글이든 마찬가지다. 사색으로 더 많이 투자한 시간의 가치를 제대로 파악하고 싶다면 아래의 글을 읽고 삶의 원칙을 정해도 좋을 것이다.

"제발 사주세요."라고 말하지 말고
왜 사야 하는지를 알려주고,
"정말 좋아요."라고 말하지 말고 뭐가 좋은지를 알려주고,
"최선을 다했다."라고 말하지 말고 어떻게 했는지를 알려주고,
"누군가에게 도움이 되길 바란다."라고 말하지 말고
누가 쓰면 좋은지 정확하게 알려주어라.

시간과 노력의 투자를 쉽게 생각하는 사람은 자신이 직접 만들어 파는 제품을 소개할 때도 제대로 홍보를 하지 못하고 구걸

을 하게 된다. 구걸과 홍보는 사소한 차이로 결정된다. 당신이 무엇을 만드는 사람이든, 말과 글로 상품을 홍보하려면 반드시 '왜, 무엇이, 어떻게, 누가'를 기억해야 한다. 물론 구걸은 쉽고 홍보는 어렵다. 구걸은 아무런 생각 없이 그냥 사달라고 매달리면 되기 때문이다. 하지만 그런 삶은 오늘도 당신을 위해 열심히 뛰는 심장에 대한 예의가 아니다. 조금 더 시간과 노력을 투자하는 성실한 일상을 살자.

"저는 늘 사람들에게 사기를 쉽게 당합니다."
"늘 이용만 당하면서 사는 삶입니다."
이런 핑계를 대며 약자 흉내를 낼 수도 있다.
하지만 누군가에게 배반을 당한 고통이 클수록 자기 스스로 현실이 주는 달콤함에 빠져 지옥으로 가는 길 위에서 매우 오랜 기간을 보냈다는 사실을 기억하길 바란다. 사색의 깊이를 위해 더 많은 시간을 투자한 사람은 쉽게 속지 않는다. 하지만 생각하지 않고 사는 사람은 언제나 생각하는 사람의 의도에 말려드는 삶을 살 수밖에 없다.
그래서 더 큰 사기를 치려는 사람은 자신에게 오는 길에 더 많은 장미를 심고 더 자극적인 열매를 주어 맛보게 해준다. 진실로 그가 근사한 것을 가지고 있다면 화려한 장미와 달콤한 열매는

필요하지 않을 것이다. 천국의 열매는 그 자체로 아름답고 감미
로운 것이니까. 늘 기억하고 실천하자.

더 힘든 곳에 탐스러운 열매가 있고,
더 높은 곳에 향기로운 장미가 있다.

　　좁지도 않은 길에서 무지막지한 어깨로 사람들을 툭 치고 지나가며 걷는 사람들이 있다. 그들은 마치 내일이 없이 오늘만 사는 사람처럼 마음대로 소리치고 법의 영향권 밖에 사는 것처럼 행동하고 다닌다. 거칠고, 무례하고, 필요 이상으로 저항하며 사는 사람을 볼 때면, 기분이 나쁜 것보다 우선 그 사람의 지난 인생을 생각하게 된다.

　　'대체 어떤 인생을 살았으면 이럴까?'

　　'거칠게 살지 않으면 살아남을 수 없는 환경이었겠지?'

　　내가 길을 걸으며 사색하는 방법이다. 그렇게 나는 그 사람을 한동안 마음에 담고 수많은 질문으로 내면의 활기를 깨운다. 그리고 그렇게 한 세계를 마음에 담는다. 그 사람을 기준으로 세상을 바라보며 걷기 때문에 동네 지인을 만나도 눈에 들어오지 않는다. 그래서 가끔 지인들은 내게 "왜 나를 보고도 그날 못 본 척 지나갔어?"라고 묻는다. 하지만 나는 그날 그를 보지 못했다. 내 시선에는 다른 것이 보였기 때문이다. 같은 세계에서 걷지만 정신은 다른 세계에 존재하는 것이다.

나의 괴테를 불러 함께 걷기도 한다.

"괴테, 당신은 저 사람을 어떻게 생각해?"

"무례한 사람의 마음에는 어떤 응어리가 있을까?"

이어지는 질문에 그는 답하고 나는 사색에 잠긴다. 산책을 마치고 돌아오면 나갈 때와는 다른 내가 된다. 순간마다 다른 자신이 되어 살게 하는 것이 내게는 산책이다.

성장하는 사색가에게는 그의 질문에 현명한 답을 내줄 위인이 존재한다. 그래서 나는 살면서 작가 한 명만 알아도 충분하다고 생각한다. 내게는 그가 괴테다. 나는 책을 쓸 때 타인의 말을 거의 인용하지 않는다. 단, 괴테는 예외다. 그의 삶이 곧 나의 삶이기 때문이다. 그가 남긴 책에는 엄청난 명언이 많다. 나는 그의 말과 생각과 삶을 지난 10년 동안 일상에서 실천하려고 노력해왔다. 그의 생각과 글을 그대로 실천한 모든 삶이 나의 글이 된 셈이다. 여기에 그가 남긴 말을 추려내 적어보았다. 왜 내가 살면서 괴테만 알면 충분하다고 했는지 이해하게 될 것이다.

- 서두르지 말자. 그러나 쉬지도 말자.
- 인간은 노력하는 한 방황한다.
- 과거를 잊는 사람은 과거 속에서 살게 된다.
- 인생은 속도가 아니라 방향이다.
- 눈물 젖은 빵을 먹어본 적이 없는 사람은 인생의 진정한 맛을 모른다.
- 다른 사람이 우리를 인도해줄 것이라는 막연한 믿음이, 우리를 순식간에 엉뚱한 곳으로 이끌고 간다.
- 비겁한 자는 안전할 때만 위압적으로 변한다.
- 역경 속에서 행복한 날을 회상하는 것만큼 괴롭고 슬픈 것은 없다.
- 인생의 처음과 끝을 하나로 연결할 수 있는 사람이 가장 행복한 사람이다.
- 목표에 가까워질수록 고난과 시련은 점점 더 강해진다.
- 신은 절망하는 곳에 나타나지 않는다.
- 현명한 답을 얻고 싶다면 현명한 질문을 해야 한다.

- 첫 단추를 잘못 꿰면 마지막 단추는 끼울 구멍이 없다.
- 햇빛에 비치면 먼지도 빛난다.
- 혼자서 돌을 들어 올릴 마음이 없다면 여럿이서 함께 들어도 돌은 들리지 않는다.
- 사람이 여행을 하는 이유는 도착하기 위해서가 아니라 여행을 하기 위해서다.
- 사람들은 저녁이 되어서야 집의 고마움을 깨닫는다.
- 목적지를 알지 못한다면 아직 한 걸음도 나아가지 않은 것이다.
- 시간이 언제나 당신을 기다리고 있다고 생각하지 마라. 게을리 걸어도 목적지에 도달할 수 있다는 생각은 착각이다.
- 한 가닥 머리카락조차도 그림자를 남긴다.
- 모른다는 사실을 두려워하지 말고, 잘못된 지식을 책망하라.
- 맛없는 와인을 먹기에 인생은 너무 짧다.
- 모든 사람은 본인이 이해한 것만 들으려고 한다.

어떤가? 좋은 글은 마음을 지킬 힘을 준다. 여기 괴테가 남긴 스물세 개의 명언이 당신에게 그 힘을 줄 것이다. 중요한 것은 그 조언들이 내가 산책할 때 내 마음속에서 나를 변화시킨다는 사실이다. 괴테의 스물세 가지 조언은 내 산책의 원칙이기도 하다.

덕분에 내가 갔던 세상 곳곳에서 내가 지금도 걷고 있다. 파리의 로댕 미술관 정원에서, 바이마르의 괴테하우스 정문 앞에서, 필리핀 톤도의 그 힘겨운 아이들 앞에서, 나는 지금도 걷고 있다. 거기에 나를 두고 왔기 때문이다. 사색 특파원이라고 부르면 될 것 같다. 나의 그들이 주는 사색의 결과물을 오늘도 나는 받아 적어 글로 빚는다.

세상 하나뿐인, 시를 빚는다.

진실과
거짓을 구분하는
사색

"저 사람보다 10퍼센트 많이 벌게 해주겠다."

"여기에서는 평균보다 5퍼센트 빠르게 배울 수 있다."

이런 방식의 접근이나 홍보라면 그나마 믿을 수 있다. 문제는 허무맹랑한 약속을 하는 것들에 있다.

"저 사람보다 두 배 넘게 돈을 벌게 해주겠다."

"평균보다 두 배 빠르게 배울 수 있다."

5~10퍼센트라는 숫자도 사실 도달하기 쉬운 결과가 아니다. 하지만 그것들을 뛰어넘어 두 배를 약속하는 것은, 보통의 경우 거짓을 믿게 하려는 수단에 불과하다. 우리는 거짓에 가깝고 진

실에서 먼 일상을 살고 있다. 그것은 결국 경쟁에서 빠르게, 엄청난 격차로 이기려는 욕망에서 비롯된다.

하지만 언제나 사람들을 속이는 것은 돈이 되고, 돈이 되는 일을 하려면 허무맹랑한 이야기를 말이 되게 만들어야 한다. 사람들을 선동하는 구호(口號)는 최악의 범죄인데, 잠깐 설명을 들어보면 말이 되는 것처럼 설득당하는 이유가 거기에 있다. 이때 진실과 거짓을 구분할 가장 좋은 기준이 하나 있다.

"반박에 유연하게 대처할 수 있는가?"

거짓은 반박을 허락하지 않는다. 하나하나 정밀하게 조립한 거짓의 성이라 하나만 삐끗해도 완전히 무너진다. 그래서 아예 반박을 차단하기 위해 무조건 신자로 만들어 충성하게 한다. 물론 허무맹랑한 보상을 미끼로 걸어서. 하지만 진실은 언제나 반박의 문을 열어두고 있다. 완벽한 진실은 없기에 반박으로 더욱 진실에 가까워지는 것이다.

세상과 사람에 속지 않는 자연처럼 살겠다는 마음이면 거짓의 유혹에서 자유로울 수 있다. 우리가 바가지를 쓰거나, 사람에게 속는 이유는 간단하다. 물건 볼 줄 모르는 사람은 더 비싼 가격에만 시선이 가지만, 물건 볼 줄 아는 사람은 물건의 가치를 알아본다. 마찬가지로 사람 볼 줄 모르는 사람은 그 사람의 입에서 나온

허황된 소리만 듣지만, 사람 볼 줄 아는 사람은 그 사람의 마음이 내는 소리를 듣는다.

세상과 사람에 속지 않고 싶다면, 순리를 거스르지 않는 자연을 보아야 한다. 햇살은 비를 요구하지 않고, 비는 햇살을 요구하지 않는다. 때를 기다리지 않고 강요하는 마음이 우리의 눈과 마음을 어지럽게 한다. 누구에게나 적당한 때가 있다. 세상과 사람에 속지 않는 자연처럼, 당신을 위해 준비한 태양을 기다려라.

물론 진실을 추구하는 것은 어렵고 거짓으로 사는 것은 쉽다. 그럼에도 우리는 일상에서도 충분히 그것을 구분할 수 있다. 쉽고 편한 것을 따라가려는 당신의 본성에 반대되는 것을 선택하라. 대개 그것이 진실일 가능성이 높다. 불편하고 어려운 것을 선택하면 진실로 가는 열차를 탄 것이다. 늘 그렇지만, 내리지만 않으면 목적지에 도착한다.

거짓은 시간이 지날수록 폭력적으로 변하지만,
진실은 그것을 추구하는 자에게 기품을 안겨준다.
포기하지 않고 기다리면 당신의 때는 반드시 온다.

평온한
날을 위한 젊은 날의
사색

인간은 태어나면서부터 타인을 만족시키며 살고자 한다. 기고, 걷고, 뛰며 부모를 만족시키고, 좋은 성적을 받으면서 주변의 기대에 부응한다. 직장에 다니며 상사와 회사에 충성하고, 자영업을 시작하며 고객의 요구에 부응하고 그들을 만족시키려 한다. 하지만 늙어가면서 우리는 자신을 마주하는 시간을 자주 보내게 된다. 다시 말하면 이제는 남이 아닌 자신을 만족시키며 살아야 한다는 의미다.

그러나 자신을 만족시키며 사는 노년의 삶이 마음만 먹는다고 그냥 되는 것은 아니다. 인생을 80년이라고 가정하면 마지막 10

년은, 그가 살아낸 70년이라는 세월의 요약본이라고 볼 수 있다. 70년이 훌륭해야 나머지 10년이 아름다울 수 있다. 아름다운 노년은 최선을 다해 살았던 사람에게만 주어지는 축복이다. 하지만 아름다운 10년을 즐길 수 있는 70년을 산 사람이 과연 얼마나 될까? 많지 않다면 그 이유는 무엇일까?

"젊음은 젊은이에게 주기에 너무 아깝다."

작가 조지 버나드 쇼의 말이다. 젊음의 힘을 가장 잘 표현한 말이라고 생각한다. 하지만 동시에 이런 생각을 하게 된다. 젊은이가 자신의 젊은 시절을 낭비하지 않게 하려면 어떻게 해야 할까? 나는 반대로 이렇게 생각한다.

"젊은이는 조금이라도 젊을 때 노년의 힘을 알아야 한다."

노년에는 노년이 가지는 장점이 있다. 하지만 그 장점을 누리기 위해서는 젊을 때부터 준비를 해야 한다. 젊은 시절에 노년의 장점에 대해 깨달은 사람은, 그렇지 않은 사람과는 전혀 다른 하루하루를 보내게 된다. 같은 실수를 하지만 실수를 줄이는 방법을 찾고, 실패에 너그러워지고 도전에 관대해지며, 앞서 가려는 경쟁을 버리고 혼자 가는 유일의 길을 찾는다.

정리하면, 그들은 다른 사람을 만족시키는 일을 하면서 동시에 자신의 만족을 위한 일을 한다. 처음부터 자신만을 위한 삶을 살기는 힘들다. 또한 그것이 좋은 길은 아니다. 젊을 때 타인을 만족시키며 더 많은 사람의 요구와 욕망을 마음에 담고, 혼자 있는 시간에는 자신을 만족시키는 일을 하며 사는 것이 노년을 생각하며 젊은 시절을 현명하게 보내는 사람의 일상이다.

공들인 젊은 시절이 노년을 바라만 봐도 아름다운 예술 작품으로 만든다. 그는 혼자 있어도 아름답고, 둘이 있으면 빛나며, 더 바라지도 바랄 것도 없는 평온한 나날을 보내게 될 것이다.

수많은 사람 중에서 자신을 구분하게 만들 단 하나의 빛은 기품 안에 존재한다. 그들은 많이 배운 사람이 아니라 많이 숙이는 사람이다. 내가 생각하는 최고의 스승은 배우고 싶은 대상 앞에서 스스럼없이 고개를 숙이며 다시 학생이 될 수 있는 사람이다. 그들은 실제로 죽는 날까지 자신이 배우고 싶은 분야 앞에서 학생의 눈빛과 자세로 살았다. 세상에서 가장 부끄러운 것은 스스로 많이 안다고 생각하며 고개를 숙이지 않고 끝까지 자신을 주장하는 사람의 말과 행동이다. 기품은 언제나 낮은 곳에 존재한다.

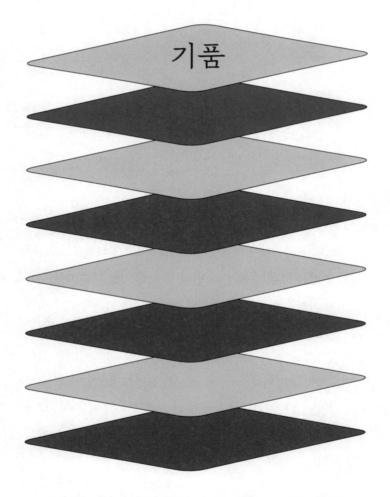

6장

기품

기품 넘치는 눈빛은 어디에서 나오는가

거짓된 공부는
기품을 만들지
못한다

'베스트셀러 작가가 되는 법'이라는 주제로 강의를 하고 싶다면 가장 먼저 뭘 해야 할까? 답은 아주 간단하다. 그런 사람이 되기 위한 시작을 하면 된다. 실제로 베스트셀러 작가가 된 이후에 그 과정을 말로 풀어내면 최고의 강연이 되는 거니까.

마찬가지로 '개인이 브랜드가 되는 전략'에 대한 강연을 하려면 뭘 먼저 해야 할까? 자신을 하나의 브랜드로 만들기 위한 시작을 하면 된다. 자기 스스로 특별한 브랜드가 된 이후에 그렇게 된 과정을 말로 풀어내면 마찬가지로 최고의 강의가 될 수 있기 때문이다.

그런데 그 확실한 길을 사람들은 왜 선택하지 않는 것일까? 말처럼 현실이 쉬운 것이 아니기 때문이다. 스스로 생각해봐도 힘들고, 말처럼 잘될 가능성도 없다. 그래서 선택하는 게 바로 공부다. 베스트셀러 작가가 된 사람들에 대해서 공부하고, 브랜딩 전략 강의에 쓸 내용을 채우기 위해 공부한다. 그래서 무언가를 공부하는 마음은 매우 가치 있는 것이지만, 어떤 경우에는 매우 비겁한 마음을 반영하는 선택이기도 하다.

자기 자신에게 물어보자.
"세상에 말하고 싶은 것이 무엇인가?"
"자신 있게 자신의 일을 하고 싶은가?"
그렇다면 먼저 그것을 하라. 그리고 당신이 어떤 과정을 겪어서 원하는 것을 얻었는지 말하라. 당신의 자신감은 소리의 크기가 아니라 실천의 크기가 결정한다. 그때가 오면 온 세상이 당신의 이야기에 귀를 기울일 것이다.

거짓된 공부로는 당신만의 기품을 만들지 못한다. 수많은 사람 중에서 당신을 돋보이게 하는 기품은 비겁한 배움에 있지 않고 온몸으로 부딪쳐 얻은 자신감에서 비롯된다.

공부로 때우려고 하지 말자. 실행하지 않고 공부로만 채우려고 하면 영원히 성장할 수 없다. 그런 사람은 평생 자기 일에 대하여 자신이 없는 삶을 살게 될 것이다. 아무리 배워도, 아무리 기품 있는 척 허세를 부려도 채워지지 않는 그 무엇에 고통받을 것이다. 자신 있는 삶, 기품 있는 삶은 공부로 얻어지는 게 아니기 때문이다. 그것을 실행한 경험과 세월, 그리고 성과가 쌓여야 한다. 자신감이 동반한 기품은 구호나 힘으로 얻어지는 게 아니라, 그 일을 실제로 실행한 세월이 주는 선물이다.

기품 넘치는 눈빛은 그것을 공부한 사람이 아니라,
그것을 실제로 깊게 경험한 사람에게서만 나온다.

제대로 떠나야 제대로 배운다

여행을 떠날 때 나는 동선을 고려하지 않는다. 가급적 대중교통도 이용하지 않는다. 대중교통은 목적지를 정하도록 만들기 때문이다. 나는 나의 다리로, 내가 바라보는 곳을 향해서 걷는다. 자아의 확장을 위해서다. 인간은 자신이 아는 지점과 짐작할 수 있는 반경의 중심에 서 있을 때 고민에 빠진다. 그러나 그 순간의 고민에서 자유를 얻을 때 우리의 반경은 확장된다. 나는 내가 짐작할 수 없는 반경으로 발걸음을 옮기며 짐작할 수 없을 정도로 자아의 확장을 느낀다. 한 걸음 걷는 만큼 보이는 그 공간을 내면에 가득 담는다.

제대로 떠나면 제대로 배울 수 있다. 공간은 스승이고 나는 학생이다. 스승과 학생은 모두 두렵다. 스승은 "학생들이 내 질문을 이해하기 힘들어할까?", "수업이 오늘 겉돌고 있는 건 아닐까?", "학생들이 이해할 수 있는 수업을 하고 있나?"와 같은 질문을 하며 스스로 두려움에 떨고 있다. 학생도 마찬가지다. "내 생각을 묻지 않고 답만 알려주면 어떨까?", "내 대답을 듣고 아이들이 비웃는 것은 아닐까?", "내 수준이 그대로 드러나는 게 아닐까?"라는 고민에 잠겨 있다. 스승과 학생은 각자의 문제로 두려움에 떨고 있다. 공간과 나의 관계도 마찬가지다.

모르는 곳이라도 당당하게 달려야 비로소 가슴에 담을 수 있다. 정답은 없으니 떨지 말고, 공간이 던지는 질문에 답하며 오직 나만 갈 수 있는 길을 걷자. 막다른 골목이 주는 두려운 마음은 버리고 오히려 나만 아는 공간을 만났다는 사실에 환호하자. 내가 아는 곳을 버릴 때 내가 모르는, 그리고 내가 알면 좋을 공간을 만날 수 있고, 그런 과정을 거쳐 다른 곳에서는 알 수 없는 것을 배울 수 있다. 예측할 수 없는 배움과 깨달음이 이 여행이 주는 즐거움이고 자신만의 당당한 기품을 갖는 방법이다.

이런 배움의 자세를 갖기 위해서는 "나는 그건 절대 하지 않아."라는 식의 말은 가급적 하지 말아야 한다. 의견을 물으면 '절대'라는 말로 무언가를 거부하는 사람이 있다. 그들의 특징은 늘 비슷비슷한 일상을 보낸다는 데 있다. 이유는 간단하다. 자신을 고정된 틀에 가두고 그것만이 최고라고 여기기 때문이다.

다른 상황과 사람을 받아들이지 않는 삶은,
스스로 자신을 새장에 넣고 문을 잠그는 것과 같다.

언제 어디로 떠나든 새로운 것을 받아들이는 사람에게는 세 가지 특징이 있다.

하나는 모든 것을 수용하는 자세다. 야구든 배구든 외국에서 온 용병 선수는 자기가 활동하던 나라에서 올린 성적이 한국에서 이룰 성취와 동일하지 않다는 사실을 깨닫는다. 실력보다 중요한 건 그 나라의 문화를 잘 받아들이는 것이다. 배움도 그렇다. 상황은 곧 하나의 문화다. 그 자체로 큰 의미가 있다. 거부하지 않고 그대로 받아들이는 마음이 필요하다.

또 하나는 비정상적인 상황과 사람은 없다는 사실을 가슴속에 간직하는 것이다. 나라는 모두 달라도, 어떤 나라든 바닥에는 땅이 있고 하늘에는 구름이 있다. 이상한 것이 아니라 다른 것이다. 우리가 정상이 아니라고 생각하는 모든 것이 그 나라에서는 정상일 수도 있다. 사람도 상황도 그렇다. 이상하거나 맞지 않는다고 배척하거나 비난하지 말아야 한다. 비정상적인 상황과 사람은 없다. 그걸 바라보는 사람의 시선이 모든 것을 결정한다.

마지막은 태도가 전부라는 사실의 자각이다. 모든 것은 상황을 바라보는 그 사람의 태도가 결정한다. '저 사람만이 가지고 있는 무언가가 있다.'라는 생각으로, '이 상황이 내게 무언가를 줄 것이다.'라는 생각으로 바라볼 수 있어야 한다. 그 사소한 태도가 위대한 나날을 만들어줄 것이다. 실력도 중요하지만 그 실력을 100퍼센트 발휘하게 만드는 건 언제나 태도에서 시작한다.

우리는 마음만 먹으면 언제든 무엇이든 배울 수 있다. 배우려는 세 가지 마음을 갖고 일상을 대하면, 어떤 사람이나 상황도 자신을 숨기지 않고 당신에게 모든 것을 보여줄 것이며, 그로 인하여 어디로 떠나도 아주 특별한 것을 배울 수 있을 것이다.

일상이 배움이고, 배움은 일상에 존재한다.
그러나 떠나지 않는 사람은 만날 수 없고,
만나지 못하면 이해할 수도 없다.
하나를 더 이해하려면 한 번 더 떠나야 한다.

성장의 거름이 필요할 때

　세상에 존재했던 수많은 삶의 대가들은 살아가는 방식과 환경이 달랐지만 읽는 방법은 매우 유사했다. 그들은 원하는 것을 얻기 위한 성장의 거름으로 독서를 대했다.

　독서를 매우 도덕적인 행위로, 혹은 경건한 마음을 품고 다가가야 할 대상으로 보는 사람이 많은 게 사실인데, 나는 삶의 대가들이 실천한 성장의 개념으로 접근하고 싶다. 그것을 한 줄로 정리하면 이렇다.

　"다르게 읽어야 다른 것을 얻을 수 있다."

　이를 통해 우리는 성장하고 자신만의 기품을 갖게 된다.

이런 차원에서 지금까지와는 전혀 다른 경험을 안겨줄 여덟 가지 독서 방법을 여기에 소개하려고 한다.

앞표지와 뒤표지를 버려라

모든 표지에는 그 책을 읽어야 하는 이유와 작가의 주요 생각이 녹아 있다. 그럼에도 표지를 버리라는 것은, 작가의 의도대로 읽지 말라는 것이다. 그런 독서는 의미가 없다. 내가 이 주제로 한 권을 새로 쓰겠다는 '창작자의 시선'으로 읽어야 내게 맞는 새로운 콘텐츠가 탄생한다. 독서는 탄생이다. 자기 안에서 무언가 탄생하지 않으면 읽었다고 말할 수 없다. 공감과 더불어 비판적, 창의적 시각이 필요한 것도 그 때문이다.

마지막 장을 새롭게 쓰라

첫 장을 넘길 때의 나와 마지막 장을 덮을 때의 나는 달라야 한다. 이유는 앞서 말한 대로 독서는 탄생이기 때문이다. 나는 책 한 권을 쓸 때, 그 책 한 권을 쓰며 얻은 의식의 힘으로 책 두 권 이상을 쓸 창조력을 내 안에 쌓는다. 좋은 책은 그 책을 쓴 작가에게 또 다른 책을 쓸 힘을 주고 독자에게는 달라진 자신의 모습을 볼 수 있게 해준다. 읽고 나서 달라진 자신을 발견할 수 있는 책을 선택하는 게 좋다.

제대로 골라서 흡수하라

하지만 세상에는 매우 다양한 책이 존재한다. 잘 골라야 한다. 마트에는 시식 코너가 있다. 조금만 맛을 봐도 전체의 맛을 짐작할 수 있는 사람은 '맛만 볼 음식'과 '구매해서 제대로 먹을 음식'을 구분한다. 책도 그렇다. 가볍게 훑어 읽는 것만으로 충분한 책이 있고, 구매한 후 소장해서 매일 조금씩 꺼내 읽어야 할 책도 있다. 잘 선택해야 한다. 맛만 보면 될 책을 모두 흡수하려고 들면 그때부터 소화 불량이 시작된다. 책을 제대로 선택하지 못하면 당연히 성장도 멈춘다.

자신에게 맞는 방법을 찾으라

혼자 운동할 수도 있지만 전문적으로 배우기 위해서는 당연히 전문가의 도움이 필요하다. 운동을 할 때 자신에게 맞는 방법을 찾는 것처럼 독서도 마찬가지다. 자신에게 꼭 맞는 독서 방법을 찾아야 하고, 그를 통해 보다 적극적으로 질문을 던지고 해답을 찾는 과정에서 깨달음을 얻을 수 있어야 한다.

사람 친구가 아닌 마음 친구를 맞이하라

독서할 때 우리는 절대 혼자가 아니다. 가장 좋은 친구인 책이 곁에 있기 때문이다. 만약 혼자서 책을 읽지 못한다면, 그것은 아직 책을 친구로 두지 못했다는 사실을 증명한다. 당신에게 필요한 것은 사람 친구가 아니라 마음 친구다. 먼저 마음을 잡아야 한다. 그래야 독서가 편안해질 수 있고, 더 나은 내일을 맞이할 수 있다.

뜨겁게 읽고 차갑게 침묵하라

독서는 읽는 게 목적이 아니라 읽고 멈출 지점을 찾는 게 목적이다. 멈추기 위해 읽는 거라고 생각하면 된다. 경탄할 곳을 찾아 멈추고, 과감하게 책을 덮고 눈을 감자. 주변의 소리를 잠재우고 자신을 멈추게 한 그 한 줄을 가슴에 담고 지적 탐험을 시작하라. "나는 왜 이 문장에서 멈춰야 했나?", "이 문장은 내게 무엇을 말하고 있나?", "나는 앞으로 내 삶에 이 문장을 어떻게 연결해야 하나?" 이렇게 3단계 질문으로 자신을 멈추게 한 문장이 새로운 시작으로 나아가게 하라.

수천 번 사색하라

수천 권의 책을 읽었다고 자랑하는 사람이 있다. 그러나 숫자는 우리를 무식하게 만들 뿐이다. 사색이 없는 과잉 독서는 오히려 우리를 무식하게 만들기 때문이다. 수천 권의 책에 적힌 글자를 생각 없이 읽은 100년의 경험은, 한 권의 책을 수천 번의 사색으로 읽은 1년이라는 시간보다 가치가 없다. 1년이든 100년이든, 1권이든 100권이든 숫자는 하나도 중요하지 않다. 그 안에 반드시 사색이 녹아 있어야 한다.

당신을 정의할 수 있는 책을 선택하라

자신이 마지막으로 읽은 책 표지를 자기의 묘비에 붙여야 한다면 과연 어떤 책을 선택할까? 물론 책은 타인에게 보여주기 위해 읽는 것은 아니다. 하지만 여기에서 내가 말하고 싶은 것은, 영혼의 건강을 위해 선택한 책이 당신의 안과 바깥을 아름답게 만든다는 사실이다. 당신의 영혼을 살찌울 뿐만 아니라 당신의 이름을 대신할, 당신을 명명할 수 있는 책을 선택하자.

무엇보다 필요한 것은 독서의 힘을 믿는 것이다. 독서의 힘을 강하게 믿는 사람이 독서를 통해 자기 삶에 기품을 쌓을 수 있기 때문이다. 내가 읽은 책이 분명 나의 성장을 위한 거름이 될 것이라 굳게 믿자. 모든 것을 다 갖췄기에 남은 것은 오직 믿음 하나다.

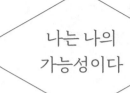

나는 나의
가능성이다

온갖 좋은 글이 난무하며 지식과 정보가 가득한 세상을 우리
는 살고 있다. 그래서 더욱 아는 것은 많은데 실천이 되지 않거
나, 삶으로 연결이 되지 않아 불만인 사람이 많다. 괴테는 평생
보고 듣고 느낀 것을 다양한 분야에 연결해서 상상 이상의 성과
를 냈다. 괴테의 삶과 글을 통해 지식을 삶에서 어떻게 실천하면
좋은지 그 과정을 일곱 가지로 정리해보았다.

입을 닫고 다리를 움직여라
아는 것을 적용하려면 입은 닫고 다리를 움직여야 한다. 시작하지 않으면 아무 일도 일어나지 않는다. 일단 입으로 발설된 말은 되돌아 제 자신을 겨눈다는 사실을 기억하고 최대한 몸을 움직여라. 실천 없이 입만 여는 행위로 우리가 얻을 수 있는 것은 비난과 수치심뿐이다. 진정한 기품은 입이 아니라 몸을 움직이는 데서 얻어진다.

현실을 인정하라

현실을 부정하는 자세는 배운 지식을 사용하지 않겠다는 다짐을 의미한다. 우리가 세상을 어떻게 알든 간에 이 세상은 변함없이 밝은 면과 어두운 면을 지닐 것이 분명하다. 그 사실을 인정하고 지금 할 수 있는 것을 하라. 세상에 큰 변화를 기대하지 말고, 자신에게 작은 변화를 촉구하자.

나의 위선을 증명하라

어떻게 해야 자신을 제대로 알 수 있을까? 심사숙고를 통해서는 불가능하다. 그러나 행동을 통해서는 가능하다. 한 가지 재미있는 사실은 정의와 의무를 실천하려는 마음이다. 늘 세상에 요구했던 정의와 타인에게 지우는 의무를 자기 삶에서 실천하려고 해보라. 그로 인해 당신은 자신의 위선을 알게 될 것이다. 알고 배운 것을 실제로 내가 해야 할 때 우리는 절망한다.

변명하지 마라

변명을 멈추자. 남에게 실수와 잘못을 아무리 떠넘겨도 여전히 문제는 자신 안에 존재한다. 왜 내 문제의 원인이 남에게 있다고 생각할까? 우리는 자신이 처한 상황을 때로는 신의 탓으로, 때로는 악마의 탓으로 돌리지만, 둘 다 틀렸다. 이 두 세계의 산물인 우리 내면에 그 원인이 있다.

불만은 비정상의 증거임을 인지하라

매일 새로운 불만을 끌어들이는 상태는 정상적인 상태가 아니다. 그런 놀라운 능력은 놀랍게 비정상적인 사람에게서만 나온다. 불만을 끌어들이는 태도가 아니라 불만을 해결하려는 태도가 배운 것을 세상에 제대로 사용할 수 있게 한다.

자신을 최대한 사랑하라

도덕적이기를 멈추어야만 할 때 나에게는 더 이상 어떤 권력도 없다. 도덕은 자기 자신을 사랑하는 사람에게만 허락된 덕목이다. 도덕을 포기한다는 것은 자신을 더 이상 사랑하지 않겠다는 말이다. 그에게는 이제 아무것도 기대할 수 없다. 누구도 넘볼 수 없는 막강한 권력을 가지려면 자신을 최대한 사랑하라. 자신을 사랑하는 마음이 곧 권력이다.

삶에 적용하라

자기 마음에 맞는 사람이 없다고 불평하는 사람이 있다. 그들의 공통점은 알고 있는 지식을 바탕으로 자기 일을 시작하지 않는 데 있다. 지금 당장 어디라도 가서 자신이 가지고 있는 지식을 활용해 결과를 내도록 노력해보라. 결국 내가 하는 일이 마음에 맞는 좋은 친구를 끌어당긴다.

모든 것을 다 잘할 수도, 모든 행동과 말이 근사할 수도 없다. 아니, 그럴 필요가 없다. 숨기고 변명하고 회피하려 드는 것보다 누구에게나 결점이 존재한다는 것을 인정하고, 세상에 나를 보여주는 자세가 더 기품 있고 근사하다. 부족해서 성장할 기회가 있고, 여물지 않아서 나아질 가능성이 있고, 깨끗하지 않아서 빛날 여지가 있다. 모든 것을 다 잘하지 못해서 모든 것에 다 도전할 수 있다. 언제나 이것 하나만 기억하자.

나는 나의 가능성이다.

경쟁하지
않는 지점에
서다

지금 당신이 읽는 책은 내 이름으로 나온 마흔두 번째 책이다. 매년 평균 한 권의 책을 내고 있다. 유명하지도, 많은 책을 낸 것도 아니지만, 만약 내게 "글쓰기가 무엇이냐?"라고 묻는다면, 방법보다는 내 삶에 대해서 들려주고 싶다.

나는 매일 원고지 50매 분량의 글을 쓴다. 이건 내가 무조건 지키는 원칙이다. 쓴 글의 3분의 1은 각종 SNS에 게시하고, 나머지 3분의 2는 보관한다.

하지만 중요한 건 그게 아니다. 매일 쓰는 글을 1년으로 계산하면, 원고지 18,250매 분량이 된다. 양이 얼마나 되는지 감이 잘 오지 않을 것이다. 이것을 보통의 단행본 분량인 원고지 800매로 나누면, 22.8125라는 숫자가 나온다. 다시 말해서 나는 매년 책을 22.8권을 쓰는 셈이다. 더 자세하게 말하자면, 매년 책한 권을 내기 위해 22.8권을 쓰며 연습하는 것이다.

"고액을 받는 강의가 많지만 나는 10분의 1만 받는다."
"몇 가지 방법만 알면 가능하다."
"딱 3시간이면 충분하다."
이런 강의 홍보 문구가 상당히 많다. 그럴싸하지만 허점이 있다. 나는 이 문구들의 허점을 밝히고, 이런 형태의 글쓰기를 할때 당신이 무엇을 추구해야 하는지 짚어주고 싶다.

하나, 가격을 비교한다는 것은 당신의 강의가 다른 사람의 강의와 경쟁해야 한다는 증거다. 그러니 10분의 1이라는 저렴한 가격을 책정하는 것이다. 중요한 것은 가격이 아니라 경쟁하지 않는 지점에 서야 한다는 것이다. 경쟁하지 않으면 다른 사람의 강연은 참고 대상조차 되지 않는다. 가격을 비교하지 말고 "나는 왜그들과 경쟁해야 하는가?"라는 질문에 답하며 자신만의 길을 발견해야 한다.

둘, 몇 가지 방법만 배우면 충분하다는 말은 당신이 가진 기술이 그 몇 가지가 전부라는 증거다. 예를 들어서 글을 쓰는 방법도 수천 가지가 넘는다. 그래서 나는 글쓰기와 독서는 방법을 찾는 것이라고 말한다. 끝이 없는 일이다. 그러면 몇 가지 기술만 배우면 충분하다는 말은 무엇을 의미할까? 다시 말하지만 지금까지 당신이 찾은 방법이 그 몇 가지가 전부라는 사실을 의미한다. 방법의 개수를 논하지 말고 "나는 왜 이 정도의 방법만 알고 있는가?"라는 질문에 답해야 한다.

셋, 3시간이면 배울 수 있다는 말은 뭘 의미할까? 당신이 그 일을 배우는 데 많은 시간을 투자하지 않았다는 사실을 의미한다. 3시간 배워서 충분하다는 말은 그 정도의 수준만 알려줄 수 있다는 것이다. 아마추어는 시간을 말하지만 일을 제대로 하는 프로는 시간을 말하지 않는다. 이유는 간단하다. 스스로 끝났다고 생각해야 비로소 끝나기 때문이다. 시간을 논하지 말고 "나는 왜 이 일에 이 정도의 시간만 투자했을까?"라고 질문하며 프로로서 성과를 만들어내는 데 집중해야 한다.

결론은 간단하다. 비용과 시간과 방법을 논하지 말고, 누가, 왜, 어떻게 배워야 하는지, '당신이 누군지'를 알려주어야 한다.

무언가 잘하고 싶은 일이 있는가? 그렇다면 매일 그것을 비상식적으로 반복하라. 누가 툭 치기만 해도 그것이 저절로 나올 수 있게, 바람만 스쳐도 내게는 그것이 글이 되는 것처럼, 나의 모든 세포가 세상의 모든 것을 글로 느끼는, 그런 숙명을 타고난 것처럼.

식재료를 아무리 노려봐도
저절로 요리가 되진 않는다.
왜 하지도 않고 잘하려고 하는가?

마음의
주인으로
살아가기

재능은 귀하다. 다만 같은 재능을 가졌어도 전혀 다른 삶을 사는 사람들이 있다. 두 사람 사이에는 대체 어떤 다른 부분이 있는 걸까? 한 사람은 자기 재능으로 빠르게 단계를 밟아 성장하지만 다른 한 사람은 노력하는 만큼 보람을 느끼지 못하며 무기력한 삶을 산다. 두 사람의 차이는 마음에 있다. 자기 마음의 주인으로 사는 사람과 주인으로 살지 못하는 사람의 삶은 다를 수밖에 없다. 다음 4단계 과정을 통해 우리는 마음의 주인으로 살아갈 방법을 찾을 수 있다.

일상의 주인이 되라

일상을 장악하라. 정말 중요한 부분이다. 마음의 주인이 되기 위한 첫 단계이기 때문이다. 내가 나의 일상의 주인이라고 생각하고 하루를 보내야 한다.

우리가 가진 모든 역량은 일상이라는 도구를 거쳐 특별해진다. 마른 부분에는 살이 붙고, 과한 부분은 잘려나가고, 불완전한 것은 온전하게 바뀐다. 내가 가진 모든 역량이 지나가는 곳이 바로 나의 일상이라는 사실을 기억하자. 내가 보내는 일상이 나의 마음의 수준을 결정한다.

일의 주인이 되라

일상을 장악하면 저절로 일의 수준이 달라진다. '누군가의 일'에서 '나의 일'로 바뀌기 때문이다. 나의 일이 되면 자연스럽게 그 일을 분석하고 내일을 준비하게 된다. 일의 언어를 배우며 전과 다른 생각을 하고, 수준이 달라진 생각은 삶의 언어 자체를 송두리째 바꿔버린다. 한마디로 말의 수준이 다른, 전과 다른 사람이 되는 것이다.

언어의 주인이 되라

같은 표현, 같은 단어를 써도 그 느낌이 다른 글이 있다. 그 이유는 바로 그 언어의 주인이 썼기 때문이다. 언어의 명령을 받는 사람이 쓴 글은 힘이 없다. 자기가 가진 힘에서 나온 글이 아니기 때문이다.

우리는 일의 주인이 되어 자기 일상을 살 때, 그 경험으로 비로소 언어의 주인이 될 수 있다. 언어의 주인이 내뱉는 모든 말은 카리스마가 다르다.

공간의 주인이 되라

일상과 일, 언어의 주인이 된다는 것은 내가 머무는 공간의 움직임을 주도하기 시작했다는 것을 의미한다. 이제 우리는 자신이라는 거대한 물체를 움직이는 주인이다. 하나의 세계의 주인으로서 다른 세계에 영향을 미치게 된다.

지금부터 중요한 것은 공간에 대한 애정을 갖는 일이다. 자신의 일상과 일, 그리고 언어가 깊고 풍부해지려면 끝없이 사랑해야 한다. 당신만의 그 공간을 사랑하라. 그러면 당신의 세계는 더욱 근사해질 것이다.

한 사람을 구성하는 일상과 일, 언어와 공간이 모여 그 사람이 살아갈 하나의 마음을 완성한다. 마음의 주인으로 살아가지 못하면 어떤 재능을 가지고 있더라도 세상에 제대로 보여줄 수가 없다. 재능의 주인으로 살 수 없기 때문이다. 마음의 주인으로 사는 사람은 그만의 '다름'이 있다.

주인의 마음은 다르다. 다른 시작과 과정, 그리고 결과는 내가 주인이라는 다른 마음에서 비롯된다.

욕망에
지지 않는다

한 유명 모델이 방송에서 매우 중요한 이야기를 했다. 그의 이
야기에 내 의견을 더해 편집하면 이렇다.

"제가 광고 찍을 때 입은 옷이 예뻐서 사셨는데 직접 입으니 이
상하다고요? 그건 매우 당연한 일이에요. 당신이 예쁘지 않거나
살이 쪄서 그런 게 아니에요. 광고에서 더 예쁘게 보이도록 연출
한 거예요. 옷이 가볍게 바람에 날리는 모습, 그게 그냥 나온 장
면이 아니에요. 저는 몇 시간 동안 옷을 날리며 바람을 기다렸어
요. 그런데 당신은 그렇게 하지 않잖아요. 게다가 현실은 딱 예쁜
장면에서 멈춰주지 않잖아요."

콘텐츠를 창조하는 사람은 자신이 펼치고 싶은 세상을 만들기 위해 삶을 연기하는 사람이다. 그 한 장면을 보기 위해 자꾸만 반복해서 연기하는 사람처럼 콘텐츠를 다루는 사람도 그렇게 최고의 순간을 찾는 것이다. 연기자가 맡은 역할에 충실하듯, 삶이라는 콘텐츠를 창조하는 우리도 추구하는 방향에 맞게 충실하게 생각하고 움직여야 한다. 연기자에게 대본이 있는 것처럼 우리에게도 삶을 위한 충실한 대본이 있다.

과거 회원수 6만 명에 육박하는 온라인 커뮤니티를 운영한 적이 있다. 정기적으로 내가 시를 써서 올렸고 조회수가 1만 회가 넘을 정도로 인기가 높았다. 당연히 당시 정모라고 부르는 오프라인 만남의 요구가 거셌다. 하지만 나는 딱 한 번 운영자 모임만 가지고 정모를 하지 않았다. 친목 도모를 위한 커뮤니티가 아니라 시를 쓰고 감상하는 공간이었기 때문이다.

잘나가는 기업이나 서비스 혹은 제품이 갑자기 망하는 이유는 여러 가지다. 가장 조심해야 할 때가 바로 불순한 것들이 끼어드는 순간이다. 정점을 향해 거침없이 돌진하고 있을 때 언제나 그렇듯 불순한 것들이 섞여서 내리막길을 걷게 된다. 내가 운영하는 커뮤니티에서도 불순한 일들로 문제가 된 경우가 많았다. 여성 회원이 90퍼센트 이상인 공간이라서 10퍼센트의 남성 회원 중 어떤 사람들은 단순히 이성을 만나기 위한 목적으로 가입해서 분위기를 흐리기도 했다. 그들은 그렇게 분위기를 망치고 나가면 그만이지만, 남아 있는 사람과 그 뒷수습을 해야 하는 나는 그때마다 마음고생을 해야 했다.

콘텐츠를 창조하는 사람에게는 두 가지 원칙이 필요하다. 이는 지속적인 창조 마인드를 유지하기 위한 절대적인 조건이다.

하나는 자제력이다. 요즘에는 콘텐츠를 만드는 사람을 크리에이터라고 부르는데, 그들의 창조력이 오랫동안 유지되지 않는 이유는 온갖 유혹에서 벗어나지 못하기 때문이다. 인기가 주는 매너리즘, 이성이 주는 달콤함, 물질이 주는 안락함, 명예가 주는 위엄, 이것들에 매몰되면 3개월도 지나지 않아 내리막을 걷게 되고 1년이면 실패의 쓴맛을 보게 된다.

> 자신의 욕망을 제어하지 못하면
> 욕망의 제어를 받게 된다.

또 하나는 본질을 추구하는 안목이다. 내가 본질과 안목을 한 문장에 둔 이유는 본질을 아무리 강조해도 그걸 발견할 안목이 없어 추구하지 못하는 경우가 많기 때문이다. 콘텐츠의 기본은 그것을 만드는 주체다. 자신이 만든 콘텐츠라면 일단 스스로 모든 것을 할 줄 알아야 한다. 인맥의 도움을 받거나 주변 사람들의 손길을 허락하다 보면 자신이 할 수 있는 게 줄어든다.

쉽게 만든 제품과 서비스는 쉽게 사라진다.

이는 변하지 않는 진리다. 콘텐츠를 만드는 사람은 절대 망하지 않는다. 세상이 끝나는 날까지 그 샘이 마르지 않기 때문이다. 중요한 건 스스로 망하지 않게 주의하는 것이다. 잘나간다고 거만해지면 바로 망한다. 반대로 잘되지 않는다고 유혹에 빠져도 바로 망한다. 언제나 살아날 기회가 있다고 믿고 콘텐츠 창조에 전념하자.

그리고 당신의 꿈이 쓴 대본을 펼쳐라. 그게 마치 현실인 것처럼 꿈을 이룬 모습을 선명하게 눈앞에 그리자.

"에이, 너무 앞서 나가는 거 아냐?"

"좀 현실에 맞게 살아야지. 그건 허무맹랑하잖아."

이런 주변의 이야기는 한 귀로 흘려듣고 대본대로 앞으로 계속 나아가자. 어떤 일이 있어도 정진하는 사람은 하늘의 도움으로 반드시 꿈을 만나게 된다.

당신이 경탄한 것을 표현할 때 최상급을 남발하지 마라. 기적, 최고, 대박, 최초 등의 표현은 자극적이라 시선을 사로잡지만 조화로운 삶을 사는 데 안 좋은 영향을 준다. 숫자 1과 2 사이에는 헤아릴 후 없이 많은 숫자가 존재한다. 1.1, 1.2, 그리고 1.0001과 1.00034 등 매우 다양한 숫자가 그 안에 살고 있다. 1 다음이 2라고 확신하거나 넘겨버리지 말고, 거기 안에 살고 있는 다른 생명을 보라. 어떤 사람은 "나는 아는 단어가 별로 없어서 글을 쓰지 못해."라고 말하지만, 나는 단어 500개만 쥐도 소설 하나를 쓸 수 있다. 그것은 타고난 재능이 아니라 생명의 조화를 바라보는 정성이다. 단어 하나는 결코 하나가 아니다. 그 안에도 수많은 단어가 살고 있다. 단어의 삶과 조화를 보라. 그리고 아프도록 사랑하라. 쉽게 경탄하지 말고 빠르게 표현하지 마라. 정성을 다해 바라보라. 그리하면 세상도 그대를 안아줄 것이다.

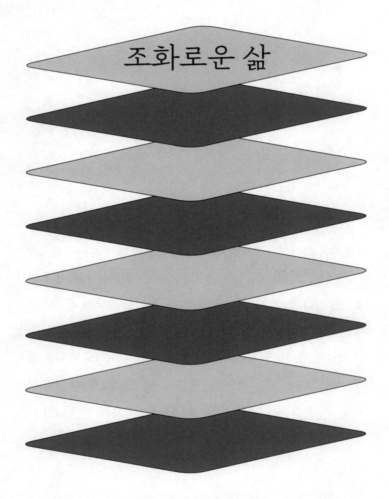

7장

조화로운 삶

평온한 삶은 어디에서 시작되는가

바르게
살기

모두가 그런 것은 아니지만 대개의 사람은 결국 자신이 불리할 때 정의를 찾는다. 이러한 '선택적 정의'는 언제나 세상에 혼란을 초래한다. 각자 자신의 환경에 맞게 선택한 정의가 서로 다르게 얽혀 도저히 건널 수 없는 인식의 절벽을 만들기 때문이다. 사실 세상에 정의로운 사람은 별로 없다. 정의는 고귀한 단어라 쉽게 기대할 수 있는 덕목이 아니다. 그저 순간을 모면하기 위해 정의를 선택하는 경우가 더 많다. 인간의 욕심은 남들과 평등한 위치에 섰다고 생각하면 정의를 버리게 하고, 불평등하다고 생각할 때는 정의를 외치도록 유혹하기 때문이다.

그래서 착하게 사는 것과 정의롭게 사는 것은 조금 다르다. 착하다는 것이 개인 위주로 판단한 것이라면 정의로운 것은 조금 더 넓은 범주를 향하기 때문이다. 그게 욕심이라는 본능을 가진 인간이 바르게 살기 어려운 이유다. 저마다 자신의 이익을 기준으로 살기 때문에, 자신의 잣대로 타인을 바라보면 모두가 거짓된 삶으로 보인다. 그리고 그렇게 거짓된 삶이라고 비난을 받은 사람들도 일제히 고개를 돌려 "너 자신이나 먼저 돌아봐."라고 외친다. 다들 잘났고, 다들 옳고, 다들 정의롭다.

서로의 욕심이 서로를 아프게 하는 그 지루한 반복에서 벗어나려면 어떻게 해야 할까? 나는 철저히 자신으로 돌아가야 한다고 생각한다. 욕심에 흔들리지 않을 정도로 강인한 내면을 만들 때까지 당분간은 혼자의 시간을 갖는 게 좋다. 멀게는 공자와 맹자가 자신을 알아줄 임금을 찾아 세상을 떠돌아다녔듯, 가깝게는 자기 삶을 개척한 수많은 대가들도 자신의 뜻과 생각을 알아줄 사람을 찾아다녔다. 그건 사실 욕심이었다. 욕심이 그들을 떠돌게 만든 것이다. 그들은 결국 그런 사람은 세상에 존재하지 않는다는 사실을 깨닫고 다시 돌아와 철저하게 혼자가 된 상태에서 자신의 뜻을 스스로 펼쳤다.

어떤 위대한 뜻을 품고 있어도 그것을 타인에게 강요하는 것은 욕심이다. 타인에게 강요하고 싶은 것을 스스로 실천하고, 나의 실천하는 모습을 본 상대가 저절로 그 뜻을 이해하게 만드는 게 가장 좋다. 그래서 혼자의 시간이 그걸 즐기는 사람에게 힘을 낼 근거를 마련해준다.

물은 누가 강요하지 않아도 저절로 흐른다. 너무 빠르지도 느리지도 않게 자신을 제어할 줄 안다. 흐름을 예측할 수 있어 온갖 물고기와 곤충이 쉽게 다가갈 수 있고, 그렇게 조화를 이룬다. 세상과 조화를 이루며 산다는 것은 서로 어느 정도 흐름을 따르고 있다는 사실을 의미한다. 욕심을 제어할 수 있어야 정의를 추구할 수 있고, 그때 우리는 서로 다른 사람과 물처럼 조화로운 삶을 살 수 있다.

창조로 이어지는 인문학적 일상

나는 매일 내가 운영하는 각종 SNS에 세 개 이상의 글을 써서 올린다. 이렇게 매일 세 개의 글을 21일 동안 쓰면, 책을 낼 한 권 분량의 원고가 된다. 3주면 한 권을 쓰게 되는 셈이다. 그런데 만약 이 단계에서 책을 낼 출판사를 구한다면, 그건 매우 어려운 일이 될 가능성이 높다. 책이 될 문턱만 간신히 넘은 원고라서 그렇다. 운이 좋아 책을 내도 독자의 반응을 기대하기 힘들다. 그런데 많은 사람이 여기에서 멈춰 책을 내려고 한다. 당연히 힘들고 결과도 기대할 수 없다.

그래서 나는 같은 하루를 365일 보내면서 22권의 책을 낼 원고를 한 권으로 압축한다. 더 분명하게 말하자면, 365일 동안 쓴 2만 장이 넘는 원고지를 800장으로 압축한다. 그러면 책을 낼 출판사를 구하기 쉽다. 아니, 반대로 내가 출판사를 선택할 수 있다. 이건 매우 놀랍고도 중요한 가르침이다. 작가에게 지명도나 명성은 아무것도 아니다. 작가는 자신이 쓴 원고로 자신의 가치를 증명해야 한다.

사실 세상 모든 일과 직업이 그렇다. 나는 그래서 항상 자신의 가치를 스스로 결정하라고 강조한다. 그런데 그게 말로만 되는 게 아니다. 그럴 만한 시간과 노력을 먼저 투자해야 한다. 세상이 당신을 선택하지 않는다고 불평하지 마라. 스스로 세상을 선택하지 못하는 현실에 아파하는 사람만이 더 멋진 창조물을 탄생시킬 수 있다. 그래서 내게는 늘 따라다니는 질문이 하나 있다.

"공휴일에도 글을 쓰시네요?"

내게는 너무나 당연한 일이라 웃으며 이렇게 답한다.

"공휴일에는 밥을 안 먹나요?"

밥에 대한 욕심의 절반이라도 정신적 수양에 쏟으면 못할 게 없다. 국경일에는 특별한 마음으로 평소보다 많은, 원고지 80매 정도를 쓰기도 한다. 몸에 영양을 공급하듯 정신에도 영양을 공급하는 일을 멈출 수 없다. 사색하고 쓰는 동안에만 우리는 존재할 수 있기 때문이다.

인문학의 큰 힘 중 하나는 일상의 반복이라고 생각한다. 그 일상에 창조라는 키워드가 녹아 있다면 매일 창조로 이어지는 근사한 일상을 보내게 될 것이며, 나태와 자만이 녹아 있다면 타인이 만든 창조의 세계에서 "이건 나도 생각했던 거야."라는 식의 변명이나 비난만 하며 살게 될 것이다.

일상을 창조로 채우는 사람과 반대로 변명과 비난으로 채우는 사람은 너무나 다른 삶을 살게 되지만 그 시작은 매우 사소하다. 이를테면 내가 만약 각종 SNS에 '언어가 인간의 삶에 미치는 영향'이라는 주제로 글을 썼다고 치자. 창조적인 일상을 보내는 사람은 바로 "아, 그런 시각도 있군요. 좋습니다. 생각을 깨우는 글이네요."라고 말하곤 자신의 생각을 간단하게 써서 내 글을 공유한다. 그리고 정말 중요한 것은 일주일 안에 자신의 생각을 더 발전시켜 쓴 글을 SNS에 게시한다는 사실이다.

반대로 변명이나 비난만 하며 사는 사람들은 같은 내 글을 읽어도 스스로 변화를 일으키지 못하고 엉뚱한 댓글을 쓴다. "언어만 그럴까요? 환경도 중요하죠." "그렇게 단정할 수 없죠. 인생 모르는 겁니다. 살아보니 그렇디다." "언어보다는 철학이 중요합니다. 철학을 배우세요." 이런 방식으로 내가 쓴 글의 맥락과 어긋난 댓글을 쓴다.

'질문하는 일상'의 반복이 매우 중요하다. 하지만 간혹 높은 성취를 이룬 대가들 중에 반복은 힘을 무시하는 사람이 있다. 그들은 이제 창의성의 함정에 빠져 반복의 힘을 강조하는 내 말에 이렇게 반박한다.

"그건 나도 다 알아. 다 해봤지. 그런데 그보다 중요한 건 창의성이야. 내가 지금 얼마나 창조적인 일상을 보내고 있는지 봐."

그러면 나는 이런 생각이 든다.

'천 년 전이나 지금이나 모든 결과를 좌우하는 가장 큰 힘은 노력의 반복에 있습니다.'

대가들의 이야기는 아주 섬세하게 들어야 한다. 이미 자신의 과거를 기억하지 못할 정도로 시간이 많이 흘렀으니까.

세상을 깨운 모든 창의성은
잠을 깨우며 시간을 투자한 노력에서 시작한다.

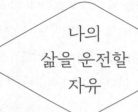

나의 삶을 운전할 자유

나는 운전을 좋아하지 않는다. 그래서 강의가 있는 날이면 늘 대중교통과 걷기로 어떻게 시간 안에 도착할 수 있을지 검색하며 연구한다. 나는 그렇게 내가 갈 길을 관찰하고 들여다보며 기쁨을 누린다.

한국의 대중교통이 엄청나게 발달한 게 사실이지만, 전국 각지로 강연을 다니다 보면 그것만도 아니라는 사실을 깨닫게 된다. 하루에 세 번 다니는 버스를 놓치면 도저히 갈 수 없는 곳도, 자동차를 몰고 가면 30분 만에 도착할 곳을 버스와 지하철, 마을버스까지 타며 3시간이나 가야 하는 상황도 경험하게 된다. 하지만 그럼에도 나는 운전을 거의 하지 않는다. 이유는 두 가지다.

가장 큰 이유는 사색을 할 수가 없다는 사실이다. 운전을 하다 보면 앞과 옆만 봐야 한다. 도저히 하나의 생각을 머리에 넣고 입체적인 사색을 할 수가 없다. 게다가 다양한 상황에서 운전을 하다가 분노가 쌓이고 도착할 무렵에는 이유도 없이 분노한 자신을 만나게 된다. 내게 나쁜 일이 일어난 것도 아닌데, 사람을 만나거나 강연을 시작도 하기 전에 기분이 나빠져 있는 경우가 생긴다.

또 하나는, 일만 하면서 살게 된다는 것이다. 빠르게 쉽게 움직일 수 있게 되면서 우리의 삶은 더 좋아졌을까? 편지를 써서 우표를 붙이고 우체국에 가는 수고를 덜어서 우리는 지금 여유롭게 살고 있나? 전혀 아니다. 우리는 지금 이 순간에도 다양한 이유로 이메일을 읽거나 보내고 있다. 편지를 이메일이 대신하며 편리를 주었지만 인간은 더욱 바빠졌다. 운전도 마찬가지다. 대중교통으로는 불가능한 거리와 시간을 단축하기 때문에 얼마든지 하루에 많은 일정을 소화할 수 있게 된다. 운전을 하지 않으면 하루 세 개 정도의 강의가 내가 할 수 있는 최대 횟수이지만 운전을 하면 충분히 더 많은 강의를 소화할 수 있다. 우리에게 필요한 건 더 일할 시간이 아니라, 더 자신을 관찰할 시간이다.

"나의 일상이 내가 살 인생을 결정한다."

나는 이 말을 좋아한다. 오랜만에 만난 사람의 변한 모습에 깜짝 놀랄 때가 있다. 단순하게 외모만 변한 게 아니라, 그 사람의 느낌, 목소리 등 모든 게 달라졌기 때문이다. 이제 자신에게 질문하라.

"나는 지금 어떻게 살고 있는가?"

세상은 바로 벌을 주지 않는다. 하지만 시간은 잘못을 용서하지 않는다. 자주 생각하는 삶의 목적이 나의 일상을, 자주 말하는 단어와 표현이 나의 목소리를, 자주 접하는 사람과 풍경이 나의 전체적인 분위기를 결정한다. 생각하고, 말하고, 접하는 것을 바꾸면 나의 일상과 목소리, 전체적인 분위기까지 바꿀 수 있다.

시간은 사람을 변하게 한다. 하지만 자세히 살펴보면 그 모든 변화는 우리가 살아온 일상의 합이다. 참 무서운 일이지만 반대로 희망적인 이야기일 수도 있다. 자주 생각하는 삶의 목적을 진실하게, 자주 말하는 단어와 표현을 아름답게, 자주 접하는 사람과 풍경을 기품 있게 바꾸면, 우리의 모습도 그렇게 바뀔 수 있기 때문이다.

나는 운전을 하지 않아서 사색할 자유를 얻었고 더 많은 시간을 나를 위해 쓸 수 있게 되었다. 돈만을 좇는 삶에 빠질 뻔한 유혹도 있었지만 운전하지 않는 나의 일상이 그것을 스스로 막아주었다.

운전이 필요한 순간도 물론 있다. 하지만 당신의 일상이 너무 바쁘게 움직이고 있다면 잠시 차에서 나와 대중교통과 두 다리 만으로 움직여보라. 차에서 내리면 당신을 기다리는 다른 세상을 만날 수 있다.

갑자기 나타난 먹구름 하나에 하늘의 전체적인 분위기가 확 바뀐다. 사소한 습관과 일상의 무서움이 거기에 있다. 진실한 삶의 목적을 갖고, 그에 맞는 아름다운 단어와 표현을 자주 사용하고, 기품 있는 사람과 근사한 풍경을 자주 만나자. 조화로운 삶의 시작은 거기에서 시작한다. 세상으로 향하는 운전대에서 손을 놓고, 자기 자신을 향해 달리는 운전대를 잡자.

내가 보내는 일상을 바꾸면,
내가 살아갈 일생이 변한다.

지금
힘들다면 잘되고
있는 거다

"힘이 든다는 것은 목적지에 가까워졌다는 증거야."

이런 말이 있다. 왜 이런 말이 나왔을까? 단순히 지금 멈추려는 사람에게 힘을 주려고? 아니다. 이 말은 정말 변하지 않는 진리다. 나는 예전에 20권 정도의 책을 냈을 때, 내 글에 대한 매우 심각한 조언을 들었다. 그때 들었던 표현을 그대로 사람들에게 들려주면, 대부분 바로 이렇게 응수한다.

"아니 그런 말을 듣고도 계속 글을 썼다고요? 저라면 실망해서 바로 포기합니다."

때론 심할 정도의 조언을 하는 사람이 있다. 모두가 그런 것은 아니겠지만, 그들 중에는 진정성을 갖고 조언하는 사람이 있다. 듣기만 해도 짜증이 나서 싸움이 날 수도 있는 조언은, 하는 사람 입장에서도 모험이기 때문이다. 그럼에도 그가 조언을 하는 이유는, 이 순간만 견디면 몰라보게 성장할 것 같다는 확신이 섰고, 무엇보다 그걸 이겨낼 것이라는 믿음이 있기 때문이다. 그런 사람의 조언은 나를 빛낼 언어다.

나는 글쓰기를 시작하는 사람들에게 조언을 할 때 95퍼센트의 사람에게는 좋은 이야기를 들려준다. 하지만 5퍼센트의 사람에게는 매우 냉정하게 조언한다. 그가 자신의 벽을 허물고 조금만 나오면 제대로 된 글쓰기를 할 수 있을 거라는 확신이 있어서다. 가능성을 믿으니 더욱 치열하게 대하는 거다. 우리는 언제나 살면서 거대한 벽을 만나 방황한다. 하지만 그 상황을 반대로 말하면 이렇다.

그대는 지금 거대한 벽과 상대할 만큼 위대하다.
그것을 넘을 자격이 있어서 그것이 눈앞에 있는 것이다.

역경은 언제나 우리의 내면을 피폐하게 만든다. 그래서 역경과 시련 속에서도 품위를 잃지 않는 사람은 위대하다. 하지만 다수가 품위를 잃고, 잃을 것이 없는 사람처럼 말하고 행동한다. 이를테면 그들은 화단에 핀 꽃을 보면서도 이렇게 비난한다.

"꽃? 네가 피기 위해 얼마나 많은 태양빛과 물, 흙이 필요했는지 알아? 너만 예쁘게 피면 되는 거냐? 이기적인 놈!"

하지만 역경 속에서도 품위를 지키는 자는 다르게 생각한다.

"태양과 물, 흙을 의지하며 꽃이 예쁘게 자랐구나. 조화로운 너희의 모습에서 사랑과 위로의 큰 힘을 배운다."

세상에는 나쁘기만 한 경우도 없고, 좋기만 한 경우도 없다. 차라리 고통을 반겨라. 가장 좋은 주제와 영감은 그걸 바라보는 사람의 시선이 결정하기 때문이다. 마찬가지로 꿈을 이룰 좋은 시대도, 좋은 환경도 저절로 우리를 찾아오지 않는다. 모든 불가능한 목표를 이루게 할 힘은 세상이 아닌, 우리 자신에게 있기 때문이다. 다만 순수한 시선으로 대상과 감정을 바라보라. 가장 순수한 사람만이 역경 속에서도 품위를 잃지 않고, 가장 치열한 눈으로 더 나은 세계를 만들 수 있으니까. 모든 역경 속에서도 품위를 지킬 힘은 당신의 눈과 마음, 그리고 고요한 태도 안에 있다. 자신을 지켜라. 당신은 그럴 가치가 충분하니까.

사람은 자기 능력에 맞는 시련을 겪는다. 더 큰 세상으로 갈 자격은 더 큰 벽을 넘은 사람에게 주어진다. 시련이 크다면 축하할 일이다. 곧 근사한 세상을 만날 것이므로.

오늘의 나를
지켜낼 용기를
가져라

인생이라는 바다를 건너다 보면 수많은 파도와 태풍, 엄청난 폭우를 맞이하게 된다. 그리고 세월이 지난 어느 날 우리는 깨닫게 된다. 거친 파도와 몸을 가누지 못하게 하는 태풍, 앞이 보이지 않게 내리는 세찬 폭우가 나를 두렵게 만드는 것이 아니다. 오늘을 살 용기를 내는 게 가장 힘들다. 이 넓고 앞이 보이지 않는 바다를 건너기 위해 파도를 뛰어넘는 방법을 배우는 것이 아니라, 단지 오늘을 보낼 용기가 필요했다.

아무 일도 없었다는 표정으로 다시 어제처럼 오늘을 보낼 용기가 지금 나를 여기에 설 수 있게 만들었다. 파도에 밀려난 어느

날 이런 생각도 들 것이다.

"내가 원하는 삶과 너무 멀리 떨어지는 게 아닐까?"

하지만 나를 덮치려고 덤비던 수천 번의 파도가 내게 남긴 가르침은 단 하나다.

"오늘의 나를 지켜낼 용기를 가져라."

열정은 뜨겁다. 하지만 인생을 뜨겁게만 살면 얼마 지나지 않아 모두 불타버리고 만다. 사색으로 열정을 제어하며 자신을 지켜야 한다.

사색가는 좋은 상황이 온다고 쉽게 마음을 놓지 않는다. 반대로 상황이 나빠진다고 쉽게 마음을 돌리지도 않는다. 생각이 많다고 사색가는 아니다. 마음을 꽉 잡고 그것을 제어하며 늘 평정심을 유지할 수 있어야 한다. 그들은 지혜로운 마음 전문가다. 자신을 상황에 맡기지 않고 신실한 마음만 보며 나아간다. 상황은 변덕이 심한 갈대와 같다는 사실을 알기 때문이다.

다음 일곱 가지 조언을 삶에서 실천하며 우리는 열정과 사색으로 삶의 균형 감각을 잡을 수 있다.

나는 바쁘게 살지 않는다

살다가 "나는 왜 이렇게 바쁘게 살까?"라는 질문을 하게 된다면, 지금의 삶은 자신에게 좋은 삶이 아니라는 증거다. 이런 원칙을 정하자. "나는 언제든 스스로 원할 때 5일 정도는 여유를 낼 수 있는 삶을 살 것이다."

나는 배운 것을 버리지 않는다

더 좋은 기업이나 단체에 속하기 위해 우리는 무언가를 배운다. 하지만 정작 그 기업이나 단체에 소속되면 그간 배운 것을 모두 잃게 된다. 배운 것을 버리라는 강요를 받을 뿐 아니라 조직의 매우 단순한 규칙에 따라 움직이면 되기 때문이다. 하지만 나는 내가 배운 것을 버리지 않을 것이다. 내 가치를 스스로 포기할 수는 없기 때문이다. 가치를 담을 수 있는 곳을 선택해서 세상을 조금씩 그런 곳으로 바꿀 것이다.

나는 좋은 것만 본다

좋은 것은 잘 숨는다. 그래서 발견하기 힘들기 때문에 그것을 발견할 안목이 필요하다. 그게 좋은 것이 드문 이유다. 쉽게 흔들리지 않고 더 나은 것을 찾겠다는 생각으로 살면 좋은 것을 발견할 안목을 기를 수 있다. 언제나 침착하고 차분하게, 바라보고 기다려라.

나쁜 것은 나쁜 사람에게 양보한다

나쁜 것을 가져갈 사람은 많다. 그것은 유혹적이기 때문이다. 실상 나쁜 것들은 그걸 즐기는 사람들이 가져간다. 굳이 나까지 가져갈 이유가 없다. 좋은 것만 바라보고 연구하기에도 시간은 매우 짧다. 나의 소중한 시간을 나쁜 것에 양보하지 않는다.

나는 내게서 모든 이유를 찾는다

나는 나를 가장 잘 안다. 그러나 내가 나를 아는 것만큼 남에 대해서는 알지 못한다. 결국 모든 문제의 답은 일단 내게서 찾아야 한다. 잘 모르는 타인에게서 찾지 않는다. 그건 결국 근거 없는 의심으로 바뀔 것이 분명하니까. 모든 실패와 고통의 원인은 나에게 있다. 그러므로 나는 나아질 수 있다. 실패가 나의 것이어야 다시 시작한 도전이 나의 것일 수 있다.

나는 완성의 길을 걷는다

출생이 시작이라면 죽음은 완성이다. 인간은 자신을 완성하기 위해 방황한다. 성장을 향한 방황의 끝은 완성이다. 중요한 건 성장이라는 방향이다. 나는 어제의 나보다 나아질 것이다. 어제의 타인이 아니라, 오늘의 경쟁자가 아니라 오직 나로 나를 측정할 것이다. 그렇게 방황하며 나라는 인간의 내면을 여행할 것이다.

나는 나의 원리로 산다

결국 나는 나로 살기 위해서 태어났고, 배웠고, 사랑했다. 세상의 원리는 나의 것이 아니다. 나는 나의 원리를 만들 것이며 그렇게 살아갈 것이다. 나는 나의 세계 안에서 완벽하다. 하지만 완벽하지 않아도 괜찮다. 충분하다는 사실만으로도 괜찮으니까.

열정만 가진 사람은 쉽게 흔들린다. 너무 빠르거나 너무 느리고, 너무 치우치거나 너무 모른다. 그래서 꼭 사색이 필요하다. 열정은 마음의 온도로 확인할 수 있지만, 사색은 마음의 움직임으로 확인할 수 있다. 사색은 열정을 제대로 움직이게 하는 결정적인 힘이다.

열정만 가진 사람도 어딘가에 도착할 수 있다. 그들은 매우 빠르기 때문이다. 하지만 매우 안타깝게도 그들은 동시에 너무 치우쳐서 도착한 곳이 원하는 장소가 아닐 가능성이 높다. 빠르게 가려면 열정만 있으면 되지만, 원하는 곳에 제대로 가려면 사색이 필요하다.

열정이 나를 움직이고,
사색은 나를 제어한다.

여전히
희망은 일상에
있다

주위를 보면 언제나 참 이상하게도 고만고만한 사람들이 자주 다툰다. 이런 말이 그 오래된 사실을 증명한다.

"도토리 키 재고 있네."

도토리가 커 봐야 얼마나 클까? 하지만 이 말이야말로 사람과의 관계를 섬세하게 표현한다. 마찬가지로 유럽에는 이런 속담이 있다.

"시종에게는 어떤 영웅도 존재하지 않는다."

영웅은 영웅만 서로 알아볼 수 있다는 말이다. 그래서 시종은 언제나 자신의 눈에 잘 보이는 다른 시종과 싸우고 다투며 일생을 보낸다. 그들 곁으로 세상을 뒤흔들 영웅이 지나가도 그들은 알아보지 못한 채 저 멀리 보이는 시종을 향해 뛰어가 그들의 잘못을 찾아내 서로 비난하고 트집을 잡는다.

생각과 사색의 다른 점이 바로 여기에 있다. 시종은 생각하며 자신과 같은 시종의 단점을 평가하고, 영웅은 사색하며 다른 영웅의 장점을 발견해 자기 것으로 만든다. 시종은 생각하며 더욱 시종답게 살고, 영웅은 사색하며 더욱 영웅의 면모를 갖춘다. 당신은 지금 누구와 하루를 보내고 있는가? 주변에 위대한 인물이 없다고 한탄하지 마라. 시종의 눈에는 영웅이 보이지 않으니까.

그래서 인문학을 실천하며 살았던 수많은 대가들은 자기 삶에 세 가지를 담으려고 노력했다. 바로 기품과 자존감, 카리스마를 발산하는 삶이다. 그래야 시종이 아닌 영웅의 삶을 살 수 있다고 생각했기 때문이다.

하지만 당신이 기품을 갖추기 위해 아무리 노력해도 그것을 쉽게 가질 수는 없을 것이다. 기품은 내면에서 아주 천천히 나오는 것이므로. 또한 당신이 자존감을 높이려고 아무리 힘을 내도 그것을 쉽게 가질 수는 없을 것이다. 자존감은 지금까지 당신이 지나온 과거에서 나오는 것이므로. 그리고 당신이 카리스마를 발산하기 위해 아무리 인상을 쓰며 소리를 쳐도 그것을 쉽게 가질 수는 없을 것이다. 그것은 현재를 뜨겁게 살아가는 뜨거운 마음이 주는 것이므로.

기품과 자존감, 그리고 카리스마. 이 모든 것은 결국 과거 당신이 살아온 일상의 합이 결정하는 것이다. 노력이라는 선불이 필요한 것도 그 때문이다. 자신이 살아온 어제까지의 삶을 스스로 존경하며 박수칠 수 있을 때, 당신의 눈에는 고요한 카리스마가 흐르고 가슴에는 굳건한 자존감이 새겨진다. 그리고 범접할 수 없는, 우아한 기품이 강물처럼 고고하게 흐른다.

다만 엉클어진 삶을 정리하기 위해서는 '시간'이라는 손이 필요하다. 그래서 여전히 희망은 일상에 있다.

과거의 합이 결국 현재이고,
지금의 일상이 곧 당신의 미래다.

자유를 선택할 수 있는가

내 삶의 목표를 짧게 줄이면 이렇다.

"나는 일을 더하려고 일을 하는 게 아니라 일을 하나라도 줄이기 위해 일한다."

이게 무슨 말일까? 이어령 박사는 이렇게 강조한다.

"젊을 때는 시계도 잘 안 보였는데, 갈수록 나이를 먹다 보니 시침, 분침, 이제는 초침까지 보입니다."

젊어서는 무조건 바빠야 한다. 시계라는 장치의 필요성도 느끼지 못할 정도로 방황해야 한다. 하지만 나이가 들어서도 그렇다면 좀 곤란하다. 나이 마흔이 지나면 이제는 덜 바쁘게 살 준비를 해야 한다. 그래야 50, 60세 이후의 삶에 당당할 수 있기 때문이다. 젊을 때는 바쁜 일상이 미덕이지만, 늙어서는 자유로운 삶을 선택할 수 있어야 한다.

비생산적인 노력을 멈추어라

마흔부터 덜 바쁠 준비를 하라는 말을 오해하는 사람이 있다. 지금 당장 일을 덜 하라는 것이 아니라, 30대까지 아무거나 열심히 하던 비생산적인 노력을 멈추라는 것이다. 이제는 지금 당장 해야 할 것을 하며 살아야 한다. 시간이 그리 많이 남지 않았고, 몸이 점점 지쳐간다는 사실을 기억하자.

시간을 창조하라

몸이 늙으면 물리적으로 일에 투자할 시간이 줄고 집중력도 떨어진다. 하지만 나이 여든이 넘어서도 여전한 생산력을 발휘하는 사람이 있다. 오히려 젊을 때보다 질이 좋은 창조물을 그것도 다량으로 생산하는 그들의 비결은, "매일 필요 없는 일을 삭제하며 산다."는 데 있다. 필요 없는 일을 버리고, 필요한 일에 그 시간을 더 투자해서 세상에 쓸 만한 것만 내놓는다. 이건 매우 중요하다. 그런 사람에게 시간은 소모의 대상이 아니라 창조의 대상이기 때문이다.

1년마다 자신을 비교하라

작년보다 수입이 1.5배 늘었다고 마냥 좋아할 것은 아니다. 일을 얼마나 더 했는지 자세하게 살펴봐야 한다. 일을 1.5배를 더 해서 번 수입이라면 그건 발전이라고 보기 힘들다. 그건 생명을 가진 존재가 성과를 위해 가장 마지막에 할 수 있는 가장 안 좋은 방법이다.

"일은 줄이고 가치를 높여야 한다."

모두 다 아는 이 뻔한 이야기가 왜 현실로 이루어지지 않는 것일까?

가치를 추구하라

허덕이며 살면 내게 오는 돈도 허덕이며 온다. 안식년은 교수나 기업 임원들만 떠나는 게 아니다. 오히려 앞의 경우처럼 열심히 온몸으로 일해 돈을 버는 사람들도 최소 석 달에서 길게는 열두 달 정도 안식년을 떠나는 게 좋다. 그래야 이런 비생산적인 생각을 버릴 수 있게 된다.

'지금 떠나는 이 시간 동안 일을 하면 돈을 더 벌 수 있는데…'

시간을 돈으로 바꾸자는 생각을 버려야 가치를 돈으로 바꿀 수 있다. 시간은 누구에게나 공평하다. 그래서 시간과 돈을 바꾸는 사람은 비슷한 금액을 받는다. 하지만 가치는 모두 다르다. 그래서 우리는 가치를 추구하며 살아야 한다.

자신의 일을 발견하라

안식년을 그저 쉬는 기간으로 생각하면 곤란하다. 돈을 추구하지 않고 가치만 남기는 시간이라고 보면 된다. 늘 하던 일을 계속하라. 다만 시간을 돈으로 바꾸려는 생각만 버리면 된다. 낙엽에서, 태양에서, 무심코 지나는 길에서 자신의 일을 발견하라. 발견해서 결합하고, 결합해서 분류하라. 당신의 카테고리를 다양하게 창조하라.

젊을 때는 분 단위로 일해야 한다. 하지만 늙어서도 그럴 수는 없다. 그게 바로 마흔 이후에는 달라야 하는 이유다. 더는 같은 방식으로 살 수 없기 때문이다. 그걸 깨달았다면 세상에 다시 나와 시계를 돌려라. 이제 당신의 시간이다. 시간을 주고 돈을 받는 그대여, 이제는 돈을 주고 살 가치를 발견하자.

앉아서 집중하지 말고,
앉아서 집중할 일을 찾아라.

사는 동안
사랑할 인연

　더 많은 사람을 만나 사랑과 행복을 나눈다면, 그것보다 아름다운 삶은 없을 것이다. 하지만 인생은 뜻대로 움직이지 않으며, 목적만 이루기 위해 다가오는 사람과 간을 보기 위해 접근하는 사람을 구분하지 못하면, 아까운 시간을 잃고 마음도 다치게 된다.

　물론 사람은 믿음의 대상이다. 하지만 모두를 덜컥 믿을 수는 없다. 더 완벽하게 믿고 사랑할 사람을 구분하기 위해 나는 아주 간단한 방법을 사용한다. 예를 들어, 내게 다가와 기획이나 사업, 강연 등 각종 의뢰를 하며 설득하려고 하면, 일단 그 이야기를 모두 들은 다음 이렇게 말한다.

"정말 잘 들었습니다. 그런데 제가 제대로 이해가 되지 않아서요. 지금 말씀하신 내용을 정리해서 이메일로 보내주시면 확인하겠습니다."

말로만 어떻게든 설득하려고 했던 사람은, 이메일로 정리를 해달라는 나의 요청에 표정부터 바뀐다. 말할 때는 절실하게 그게 필요한 것처럼 다가오지만, 정작 그걸 정리하려고 하니 귀찮다는 표정이다. 간단한 단계만 거쳐도 내게 애정이 없는 사람은 금방 사라진다. 내게 애정이 없는 사람에게 줄 시간을 아껴서 정말 소중한 사람에게 주기 위해서는, 그럴 만한 사람을 제대로 구분할 수 있어야 한다.

인간관계에서 사랑할 사람과 그럴 필요가 없는 사람을 잘 구분하고 싶다면 하나만 기억하자.

필요 없는 사람은 조금만 귀찮게 해도 화를 내며 사라지지만, 소중한 사람은 아무리 힘들게 해도 웃으며 가까이 다가온다.

나는 모든 인간관계의 시작과 기본은 연인과의 관계에서 배울 수 있다고 생각한다. 서로 정말 다른 생각을 하는 남자와 여자가 만나 서로를 알아가는 과정은 어떤 소설보다 극적이며 어떤 고전보다 많은 깨달음을 주기 때문이다. 아래 내가 쓴 글을 시처럼 읽어주면 좋을 것 같다. 모든 관계는 결국 아름다운 하나의 시처럼 가슴에 품어야 하는 거니까.

남자는 세월이 흘러도 존중받기를 원하고,
여자는 세월이 흘러도 사랑받기를 원하니
젊을 때보다 힘이 약해지고
경제적인 능력이 조금 떨어져도
그때처럼 존중해주며,
젊을 때보다 외적 매력이 떨어지고
주름이 조금 늘어난 모습이라도
그때처럼 사랑을 전하자.

두 사람 사이에서 가장 중요한 건,
무엇과도 바꿀 수 없는 이 귀한 시간을
함께 보내고 있다는 사실이니까.
눈물 나는 아픈 시간,
보이지 않는 길을 걷는 시간,
가진 게 사랑밖에 없는 이 시간,
찬란하게 빛나는 시간을
서로 위로하고 아껴주며 보내고 있으니까.

남자를 믿는 여자의 눈빛과
여자를 사랑하는 남자의 눈빛은
서로를 아름답게 할 가장 큰 재산이다.
서로의 단점을 오래 생각하지 말고
그를 사랑하게 한 장점을 더 오래 떠올리자.
서로의 마음에 상처를 주지 말고
아름다운 마음에 빠져 행복했던 시절을 떠올리자.

한마디 말로 인생도 사랑도 달라질 수 있나니,
모든 선택은 자신의 결정으로 이루어진다.
보답받으려는 마음은 필연적으로 분노를 부른다.
사랑은 거래가 아니니, 그저 사랑하자.
사랑을 느끼는 그대로 전하면서
우리의 사랑은 더욱 강해지니까.

앞으로 우리는 지금보다 더 뛰어난 인공지능 로봇과 함께 경쟁하며 살아가게 될 것이다. 인공지능 시스템의 장점이 뭘까? 매우 간단하다. 그들은 인간보다 더 빠르게 많은 문제에 대한 답을 내놓는다. 그러나 인공지능이 아무리 발달해도 영원히 풀 수 없는 것이 하나 있다. 바로 인간의 관계다. 한 사람의 성장은 도울 수 있지만, 두 사람 이상이 모여 협력하는 일에는 어떤 도움도 주기 힘들다. 그러나 인간은 서로를 이해할 따스한 가슴을 가지고 있고, 이해를 바탕으로 형성한 관계에서 기계는 짐작할 수 없는 특별한 것을 창조할 수 있다. 창조는 한 사람의 일이 아니다. 두 사람이상이 모여 만들 수 있는, 오직 인간만이 할 수 있는 관계의 예술이다.

8장

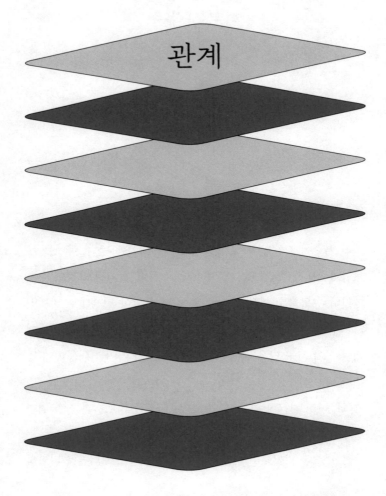

관계

우리는 어떻게 하나가 될 수 있는가

세상에
나쁜 사람은
없다

한 가족이 오랜만에 휴가를 떠나며 비행기에 탔다. 아이는 부모님과 떠나는 여행으로 한껏 마음이 들떠 상기된 표정이었다. 그러나 그들의 비행은 한 시간도 지나지 않아 전쟁터로 바뀌었다. 비행기를 타자마자 노트북을 열고 작업을 시작하던 아빠에게 아이가 자꾸 말을 걸자 참지 못한 아빠가 아이를 나무라며 말했다.

"너, 아빠 지금 일하는 거 안 보여? 아빠는 바쁘니까 잠깐 엄마랑 놀아."

그 모습을 지켜보던 아내는 못마땅한 표정으로 남편을 타박하며 말했다.

"자기는 여행을 가면서까지 그렇게 일을 해야 해? 애한테 꼭 그렇게 말할 건 뭐야?"

그 이후의 상황은 여러분이 충분히 예상할 수 있을 것이다.

세상에 나쁜 사람은 없다. 바쁘지만 가족과 여행을 가기 위해 없는 시간을 내서 비행기에 오른 아빠의 마음도 우리는 이해해야 한다. 주인공이 아빠든 엄마든, 아니면 둘 다 해당되든, 대상도 그리 중요한 게 아니다. 나는 역할에 대해 말하려는 것이 아니니까.

중요한 사실은, 본연의 내 모습을 잃지 않을 정도의 바쁜 나날이어야 우리는 행복을 유지할 수 있다는 것이다.

"내가 지금 얼마나 바쁜 줄 알아? 맨날 놀고 있는 주제에 내게 그런 말을 해?"

이런 말을 굳이 하지 않아도 마음에 간직하고 있다면 그 사람의 바쁜 일상은 자신에게 독으로 작용하고 있는 것이다. 자신의 바쁜 일상이 내면을 망치고 소중한 사람들을 무시하는 도구로 사용된다면 그런 바쁜 나날은 어리석다. 우리는 늘 자기 일상에 이렇게 질문할 수 있어야 한다.

"나는 어디까지 바빠야 하는 걸까?"

성장을 망치는 바쁜 나날인가, 아니면 적당히 내면을 자극하며 더 나은 나날을 만들어나갈 수 있는 바쁜 일상인가? 바쁜 나날은 일종의 중독이다. 매일 질문해서 깨어 있어야 빠지지 않을 수 있다. 우리는 행복보다는 불행에, 건강보다는 건강하지 않은 일에 쉽게 중독된다.

하루는 담당 편집자에게 이런 이메일을 받았다.

"작가님, 자료 잘 전달받았습니다. 빠르게 챙겨주셔서 감사합니다! 바쁘신 와중에도 늘 친절하신 음성에 힐링이 됩니다."

나는 착한 사람은 아니지만 주변에 늘 한결같은 모습을 보여주기 위해 노력한다. 그렇다. 이건 노력이 필요한 것들이다. 자신의 바쁜 일상을 노력해서 조절하지 못하면 누구나 일상에 지쳐 속에 없는 못된 말과 행동으로 소중한 사람의 마음에 못질을 하게 되어 있다.

돈이 많아도 그것을 쓸 시간이 없다면 그건 나의 것이 아니다. 돈은 쓰는 사람이 주인이기 때문이다. 행복도, 희망도 마찬가지다. 그것을 자기 안에 가득 채운 사람이라도 주변에 나눌 여유가 없다면 자신의 것이 아니다. 돈도, 행복도 그것을 나누는 사람이 그것의 주인이다.

소중한 사람을 사랑할 수 있는 마음의 여유를 늘 남겨두자. 너무 바쁜 일상은 그 사람 고유의 좋은 성향까지도 나쁘게 바꾼다.

좋은 태도와 마음을 유지하는 비결은 적당히 바쁜 나날을 위한 자기 절제에 있다. 일상을 절제해야 귀한 가치를 세상과 나눌 수 있다. 핑계와 변명은 많겠지만, 자신에게 던지는 질문 하나면 모든 것을 정리할 수 있다.

내가 보내는 하루는
나를 뜨겁게 하는 바쁜 일상인가,
나를 열 받게 하는 바쁜 일상인가?

눈에
보이는 모든 것이
봄이다

칼럼 등의 글을 쓰며 받는 돈과 지방의 도서관에 가서 2시간을 강연해서 받는 돈은 거의 비슷하다. 물론 칼럼을 쓰는 일도 쉽지는 않지만, 매일 원고지 50매 이상을 쓰는 내게 칼럼으로 원고지 10매를 쓰는 일은 그다지 어렵지 않다. 머리에서 정리가 되면 자리에 앉아 30분이면 쓸 수 있는 분량이다. 세상이 정한 그 사람의 가치를 따지는 돈의 기준으로 보면 칼럼을 쓰는 것이 강연에 비해 10배 이상은 생산적인 일이다.

하지만 나는 매년 열차와 지하철, 버스를 수차례 갈아타야 겨우 시간에 맞게 도착할 수 있는 지방 도서관에 가서 강연을 한다.

태어나 한 번도 가본 적이 없는 동네를 그렇게 오가며 수많은 사람을 만나고 대화를 나눈다. 새벽 4시에 일어나 하루 10시간을 왕복해야 갈 수 있는 지방 도서관에 가지 않았다면, 그 시간에 나는 칼럼 10편은 쉽게 썼을 것이다. 하지만 내가 상대적으로 편안한 일상이 아닌, 모험에 가까운 도서관을 선택한 이유는 내게는 그것이 삶의 가치이기 때문이다.

낯선 도시에서 혹은 작은 마을에서 만난 사람들과 나는 마치 오랫동안 알고 지낸 사람처럼 대화를 나누며 서로 살아가는 이야기를 한다. 그 시간과 공간의 경험이 다시 내게 글을 쓸 힘을 주고 써야 할 글의 방향을 알려준다. 책상에만 앉아 있으면 절대 알 수 없는 수많은 사람들의 마음을 내 안에 담는다. 한 사람의 세계는 멀리 여행을 떠나 넓어질 수도 있지만, 이렇게 자신과 관계가 없다고 생각했던 사람들을 만나 마음을 나누며 짐작할 수 없을 정도로 확장되기도 한다.

인문학이 우리에게 필요한 이유는, 흔들리기 쉬운 일상에서 우리를 꼭 잡아주기 때문이다. 일상의 인문학을 실천하고 싶은 사람에게 나는 꼭 이렇게 말하고 싶다.

"지금 그대에게 가장 중요한 것을 하라."

가장 중요한 것이 무엇인지 때때로 생각하지 않는 사람은 결국 중요하지 않은 일에 자신의 시간을 허비하며 살게 된다. 언제해도 상관없는 일을 하느라 지금 당장 해야만 하는 일을 하지 못하는 실수를 저지르지 말자. 그렇게 생각하고 또 생각하면 결국 하나의 단어를 만나게 될 것이다. 결국 '사람'이다.

물론 변화를 위한 시작은 언제나 힘들다. 나도 그랬다. 처음 외딴곳에 있는 도서관을 향해 출발할 때는 가는 내내 혹시나 길을 잃거나 늦지 않도록 스마트폰으로 버스와 지하철, 그리고 도보 시간까지 계산하고 또 계산했다. 중간중간 시간에 늦지 않게 마음 졸이며 뛰기도 했다. 세상의 기준으로 보면 막대한 손해이자 비생산적인 일이다. 하지만 나는 언제나 그걸 선택한다. 그렇게 새벽에 일어나 치열하게(?) 달려가 땀을 흘리며 도착한 도서관 강연장에서 나를 보기 위해 앉아 기다리고 있는 사람들의 얼굴을 보면 모든 것이 다 아름다워지기 때문이다. 거기에서는 눈에 보이는 모든 것이 봄이다.

자신만 소중하다고 생각할 때는 알 수 없는 고귀한 감정이다. "지금 그대에게 가장 중요한 것이 무엇인가?"라는 질문에 답하며 찾은 '우리'라는 그 감정이 내게는 무엇과도 바꿀 수 없이 소중하다. 내가 생각하는 '책을 낸 사람'의 책임은, 그를 원하거나 필요한 사람이 있는 곳에 최대한 자주 가는 거라고 생각한다. 삶에 '우리'라는 표현을 넣고 녹이면 생각이 이렇게 바뀐다. 인문학을 실천하는 사람은 돈의 가치가 아닌 마음의 가치로 움직이는 사람이라고 생각하기 때문이다. 그런 과정을 겪으면 그 사람은 진정한 배움이 무엇인지 깨닫게 된다. 배움은 언제나 관계 속에서 자라는 꽃이기 때문이다.

배운 것이 많은 사람이 아니라 지금 배우고 있는 사람을 곁에 두라. 쌓은 지식이 많은 사람이 아니라 쌓아갈 지식이 많이 남았음을 깨달은 사람과 자주 대화하라. 배움은 만족이 아닌 허기에서 출발하는 지적인 도전이다. 그리고 좋은 마음으로 세상을 보라. 나쁜 생각과 결합한 지식은 파멸을 부를 뿐이다. 세상과 사랑하는 사람에게 도움을 주려는 마음으로 배워라. 그렇게 배운 지식은 세상이 당신을 아름다운 사람이었다고 생각하도록 만들어 줄 것이다. 그대여, 더 빛나는 아름다움을 추구하라.

버려야 할
여섯 가지 말

　토론과 대화를 잘하는 사람은 인생에 있어 매우 큰 무기를 가진 것과 같다. 모든 관계에서 가장 좋은 상황을 주도하며 만들어 나갈 수 있기 때문이다. 우리는 말하지 않고는 살 수 없다. 하지만 일부 토론은 대개 비난과 전쟁으로 시작해서 서로에게 고통만 주고 끝난다. 거짓을 진실로 바꾸고 진실을 다시 거짓으로 바꿔 말하는 데 급급한 대화는 어떤 것도 남길 수 없다. 그러나 정제된 언어와 표현에는 인생을 아름답게 만드는 힘이 있다. 다음 여섯 가지 말의 태도를 버리고 다시 시작한 대화는 이전과는 전혀 다른 일상을 그대에게 보여줄 것이다.

결론이 충분히 예상되는 말

"당신의 생각을 충분히 이해한다. 하지만…."이라는 말이 나오면, "충분히 이해한다."라는 말은 진심이 아니고 자신이 생각한 결론을 말하기 위한 목적임을 간파한다. 이런 방식으로 말하는 상대와는 말을 그만하고 싶다. 결론을 정하고 말을 시작하지 말고 상대의 마음을 이해하려는 자세로 다가가자.

상황을 작게 쪼개서 유인하는 말

하나의 주제에 대해서 불리하다고 생각하면 그것을 인정하지 않고 주제를 잘게 쪼개서 어떻게든 자신의 주장을 관철시키려는 사람이 있다. "다만 …과 …는 구별해야 한다. …의 범주는 …이고, …의 범주는 …이다." 이런 방식의 말이 대체로 그렇다. 말을 잘하는 사람처럼 보이지만, 이런 방식으로는 상대를 설득하기 쉽지 않아서 실속은 없다. 자신의 주장이 틀렸다는 생각이 들면 바로 인정하는 게 낫지, 작게 쪼개는 식으로 방향을 바꾸면 상대 입장에서는 궤변으로 들릴 뿐이다.

공허한 정의만을 외치는 말

자기 입장이 충분히 전달되지 않을 때 가장 자주 사용하게 되는 표현이 "정의로운 세상을 만들자."라는 표현이다. 그게 가장 간단하고 상대를 꼼짝없이 틀에 가둘 수 있는 말이기 때문이다. 우리는 서로 말의 방향이 다를 때 정의와 공정을 이야기하지만, 그런 방식의 대화는 남는 게 없다. 자신의 변화는 논하지 않기 때문이다. 대표적으로 이런 문장이다. "당신의 생각은 인정한다. 하지만 '그게 정의로운가?'라는 문제로 보면 다른 이야기다." 도덕을 실천하지 않는 자가 외치는 정의는 공허하다. 자신의 일상과 삶에서 시작하는 말의 힘이 가장 크다는 것을 기억하자.

'근본'이나 '본질'을 언급하며 시비 거는 말

할 말이 딱히 없거나 지는 게 싫지만 논리가 없는 사람이 자주 던지는 표현이 바로 '근본'과 '본질'이다. "그게 과연 창조의 본질일까? 근본적 문제를 찾아야지."라는 방식의 말이 대표적이다. 해도, 하지 않아도 별 의미가 없는 말로 괜한 시비를 걸 뿐이다.

태도가 틀렸다고 지적하는 말

"실천할 방법을 치열하게 생각하자. 시작부터 한계를 이야기하는 건 좋은 태도가 아니다."라는 말은 듣기에는 합리적이다. 하지만 교묘하게 상대의 태도가 틀렸다는 것을 지적하며 중심을 자신에게 끌어 오려는 욕망에서 나온 표현일 뿐이다. 물론 토론에서 태도는 매우 중요하다. 하지만 서툰 태도 지적은 서로에게 상처를 남긴다. 태도를 지적하면 반대로 당신도 태도로 지적받는다는 사실을 기억하라.

  분석하지 않고 덮고 넘어가려는 말
  자신이 저지른 큰 실수를 두고 "사람은 완전하지 않아서 언제나 실수할 수 있다. 중요한 것은 그걸 극복하려는 의지다."라고 말하는 이유는, 실수에 대해 부끄러움을 느껴서 분석하지 않기 위함이다. 자신이나 자신이 옹호하는 사람의 실수를 쉽게 넘기려는 말은 사용하지 않는 게 좋다.

  지금까지 언급한 말은 누가 들어도 "이 사람이 꼼수로 나를 제압하려고 하네."라는 느낌이 들게 한다. 그래서 더욱 조심해야 한다. 대화와 토론을 잘하는 사람은 사실을 말하는 데 집중한다. 없는 것을 있다고, 하지 않은 말을 했다고 가정하는 대화와 토론은 관계에 악영향을 줄 뿐이다. 사실을 그대로 설명하는 사람을 이길 수 있는 사람은 없다. 거짓을 사실로, 사실을 거짓으로 바꿔서 말할 때 우리의 말은 힘을 잃는다.

사람을
보는 안목

  나는 지금 너무나 바쁘다. 개인적인 큰 문제가 하나 있고, 강연이 많아 6개월 후의 강연까지 잡은 상태다. 써야 할 책도 쌓여 있다. 한 달 전에 미리 약속을 하지 않으면 도저히 미팅도 쉽지 않은 일정이다. 일과 삶이 농밀해지면 결국 모든 것이 시간과의 싸움이다.

  부자들이 도저히 살 수 없는 마지막 보물은 시간이다. 그래서 그들이 선택하는 것이 능력 있는 직원들이다. 그들은 직원의 시간을 돈을 주고 구입하며 자신의 시간을 최대한 아끼며 산다. 몇몇 사람에게 수천만 원을 연봉으로 주면서, 그들로 하여금 자신이 처리해야 할 일을 최대한 빠르게 진행시킬 수 있게 만든다.

"지금 나올래?"라는 전화에 당장 달려오는 사람이 있다는 것은 큰 기쁨이다. 부르면 언제나 바로 나오는 사람도 물론 소중하고 필요한 존재다. 아무리 바빠도 자신을 위해 시간을 함께 보내는 사람은 언제나 감동을 주기 때문이다. 하지만 인생을 전체로 보고 무언가를 배워야 하는 시선에서 판단한다면, 생각의 틀을 조금 바꿀 필요가 있다.

어떤 분야에서 무엇을 하는 사람이든, 성별과 나이에 상관없이 모두에게 공통으로 적용되는 것은 시간이다. 사람들 사이에서 능력의 차이는 그리 크지 않다. 우리는 몇몇의 천재와 경쟁하는 것이 아니기 때문이다. 결국 우리에게 필요한 것은 시간을 효율적으로 사용하는 능력이다. 또한 우리가 무언가를 배우고 싶다면 그 사람의 능력이 아니라, 그 사람이 자기에게 주어진 시간을 어떤 기준으로 사용하고 있는지를 유심히 관찰해야 한다.

나를 언제든지 만나주는 사람이 아니라, 나를 잘 만나주지 않는 사람에게 가야 한다. 언제든 승낙하는 사람이 아니라, 쉽게 자기 시간을 허락하지 않는 사람에게 가야 한다. 그들은 자신에게 주어진 시간을 어떻게 써야 하는지 아는 사람이다. 그 사람이 자기 시간을 어떻게 사용하는지 보면, 그 사람이 자기 일과 삶을 어떻게 생각하는지 짐작할 수 있다. 바쁘지만 자기 시간을 내어주는 사람도 필요하지만, 반대로 자신을 잘 만나주지 않는 사람도 필요하다. 시간을 대하는 마음에도 이성과 감성의 조화가 필요하다.

사람과 인연을 맺는 이유는 좋은 마음을 나누며 소중한 것을 배우기 위함이다. 결국 사람을 보는 안목이 우리가 살아갈 인생을 결정한다.

사람은 사랑하는 사람에게서만 배울 수 있다.

믿고 의지하며, 가장 자주 생각하는 사람이기 때문에 그들에게 배우는 것이다. 하지만 어떤 사람은 매우 어리석게도 사랑하는 사람을 마음에 두지 않고 엉뚱한 이들을 그 귀한 마음에 둔다. 그 엉뚱한 사람들은 바로 '내가 미워하는 사람'들이다. 자신에게 피해를 준 그들을 미워하고, 비난하고, 저주하며 일상을 보낸다. 결국 사랑하는 사람이 아닌, 미워하는 사람만 미워하다가 인생을 끝내는 것이다.

누군가 미운 사람이 있다면, 그들에게 복수를 하고 싶다면, 가장 좋은 방법은 마음속에서 그들의 존재를 지우는 것이다. 지우고 그들을 더는 생각하지 말자. 대신 나를 사랑하는 사람들을 마음에 가득 채우자. 우리의 인생이 노력한 만큼 결과가 나오지 않는 이유는, 아무리 배워도 실력이 늘지 않는 이유는, 마음에 담은 사람이 사랑이 아닌 미움의 대상이기 때문이다. 미워할 방법만 배우고 있는데 인생이 나아질 수가 있을까?

세상에는 많은 사람의 사랑을 받는 사람이 있고, 괜히 미움을 사는 사람도 있다. 같은 말을 해도 사랑스럽게 하는 사람이 있고, 말과 행동 하나에서도 호감이 넘치는 사람이 있다. 물론 자신이 먼저 사랑스러운 사람이 되어야 한다. 하지만 그러려면 의식적으로 그런 사람들과 자주 접하며 사랑을 자기 안에 담는 노력도 필요하다. 그 정성과 노력이 결국 자신에게 돌아와 배움이 가득한 인생을 만들 것이다. 다시 한번 우리는 사랑하는 사람에게서만 배울 수 있다.

지금 치열하게 배우는 사람은
누군가를 뜨겁게 사랑하는 사람이다.

혼자 잘해주니 혼자 상처받는 것이다

보기만 해도 매우 아픈 문장이다. 많은 사람이 그런 기분을 느끼며 살기 때문이다. 하지만 거기에서 빠져나올 방법은 언제나 문장 안에 존재한다. '혼자' 잘해주니 '혼자' 상처받는 것이다. 잘해주는 것은 혼자가 아닌 상대의 동의가 필요하다는 사실을 알아야 한다. 좋은 마음을 가지는 것은 얼마든지 혼자 가능하지만, 그걸 나누기 위해서는 상대도 같은 마음이어야 한다. 내가 좋다고 상대도 좋은 것은 아니다. 이 지점을 제대로 모르면, 사람을 상대하는 모든 일에서 노력의 결과를 내기 힘들다.

나는 각종 SNS에서 매력적인 사람들의 계정을 자주 드나든다.

먼저 친구 신청하기를 좋아하고, 먼저 '좋아요'를 누르거나 댓글로 마음을 전하기를 즐긴다. 하지만 모든 일에는 순서가 있다. 이 말은 모든 행위가 단숨에 이루어져서는 곤란하다는 말이다. 쉽게, 단숨에 모든 것을 가질 순 없다. 내 마음만 생각하면 언제나 곤란한 일이 생긴다. 대표적으로 이런 사례들은 당하는 사람의 마음을 짜증 나게 한다.

- 당신이 운영하는 조직이 큰 것은 알겠는데, 그게 왜 내가 재능을 기부할 이유인가?
- 파워블로거인 것은 알겠는데, 왜 내가 음식을 공짜로 제공해야 하나?
- 당신이 유명한 사람인 것은 아는데, 내가 왜 갑자기 당신에게 호감을 가져야 하나?

먼저 자신의 존재를 보여주자. 갑자기 자신이 원하는 목적이나 마음을 성급하게 드러내면 위의 사례처럼 반감이 들게 된다. 처음에는 내가 여기에 있다는 사실만 살짝 알려주자. 그 사람의 SNS 계정에 댓글을 쓰거나 태그를 걸지 말고, 가끔 마음에 맞는 글에 '좋아요'를 누르는 정도면 충분하다. 그렇게 최소한 6개월 이상은 마음을 비우고 자신의 존재를 부각시키는 기간이 필요하다. 너무 길다고 생각할 수도 있지만, 관계도 숙성할 시간이 필요하다는 사실을 잊지 말자.

　다음에는 뭘 하는 사람인지 알려주자. 우리가 아주 천천히 다가가야 하는 이유는 서로가 살아온 환경이 다르기 때문이다. 내가 그를, 그가 나를 이해하는 시간이 필요하다는 사실을 기억하자. 이제는 자신이 무엇을 하는 사람이고, 어떤 생각을 하며 사는지 보여주는 과정을 거쳐야 한다. 하지만 순서가 있다. 어떤 생각을 하며 사는 사람인지 보여주는 것은 가장 마지막으로 미루어야 한다. 생각의 다름은 쉽게 이해하기 힘든 것이므로 서로 알아가며 이해하는 시간이 필요하다. 이 단계에서는 그저 그 사람이 쓴 글에 댓글로 조금씩 좋은 마음을 남기자. 자신이 하는 일을 내용에 덧붙이는 것도 좋은 방법이다. 호기심을 불러일으키며 동시에 생각이 다른 부분을 이해할 공간을 만들 수 있기 때문이다.

　마지막으로 어떤 마음을 갖고 있는지 전하자. 이제 상대가 쓴 글에 어떤 생각을 하는지 댓글로 쓸 수 있다. 세 번째 과정으로 오기 위해 최소한 1년은 거쳐야 한다. 쉽게 온 것은 결국 쉽게 간다. 오래 알고 싶은 사람이라면 그 정도의 시간과 노력은 반드시 필요하다. 굳이 안 좋은 생각이나, 읽어서 기분 나쁠 글은 쓸 필요가 없다. SNS에서까지 충고나 비판을 받고 싶은 사람은 없다. 좋은 시각에서 본 그의 글에 대한 자신의 생각을 댓글로 쓰며 소통하자. 이 기간이 길면 서로에 대한 신뢰도 깊어진다.

실제로 나는 이런 과정으로 알게 된 사람이 부탁한 재능 기부 강연도 여러 번 다녔고, 원고를 정성껏 봐주거나 그 외 다양한 요청을 반갑게 들어주었다. 경제적 가치로 환산하면 몇백만 원 이상이 필요한 요청인 경우도 있지만, 이런 신뢰를 쌓았다는 것이 내가 그를 위해 시간을 투자할 이유가 되는 것이다. 마음으로 이미 충분히 받았기에 가능한 일이다.

진심을 전하면 그걸로 충분하지 뭘 이렇게 복잡한 과정을 통해서 알아야 하나, 이런 생각도 충분히 할 수 있다. 하지만 묻고 싶다.

"진심이라는 것이 그렇게 전하기 쉬운 것인가?"

마음을 전하는 것은 매우 어려운 일이다. 그래서 지금도 여기 저기에서 서툰 행동과 말로 시작한 다툼이 끊이지 않는다. 자신의 마음이 진심일수록 더 기다리고 참아야 한다. 진심은 오래 참고 숙성할수록 깊어진다.

혼자 잘해주고 혼자 상처받는 것은 감정과 관계에 미숙하거나 쉽게 무언가를 이루려는 사람들이 자주 겪는 아픔이다. 모든 일에는, 더구나 그것이 매우 소중할수록 순서가 있다는 것을 기억하자. 이제 함께 잘해주고 마음껏 행복하자.

험담하지
않고 깔끔하게
사는 법

　남을 험담하려는 마음은 정말 피하기 힘든 강렬한 유혹이다. 하지만 그 유혹에 빠지는 순간, 우리의 삶도, 관계도 급속도로 망가진다. 험담은 회귀본능이 뛰어나서 결국 그 말을 내뱉은 사람에게 돌아오기 때문이다.

　그걸 알면서도 다시 그 늪에 빠지는 이유는, 유혹이 더 달콤하기 때문이다. 그를 깎아내림으로써 나는 좀 더 그럴싸한 사람이 되는 것이다. 이에 대문호 톨스토이는 살면서 누구나 겪게 되는 험담의 유혹에 넘어가지 않는 일곱 가지 방법에 대해 이렇게 정리했다.

자신의 나약함을 인정하라

'나도 험담할 수 있는 사람'이라는 사실을 인정하라. 가장 힘든 부분이다. 험담은 늘 우리 내면이 가장 약할 때 찾아와 타인을 향해 발사하기를 소망한다. 재주가 뛰어나다고 자부하는 사람이 스스로 가장 뿌리치기 힘든 유혹은 이웃에 대한 교묘한 비난과 비웃음이다. 어떤 천재적인 재능도 험담을 막기 힘들다.

멈추고 바라보라

이제 시작이다. 험담하려는 마음이 들었다면 가만히 멈추고 자신을 바라보라. 그걸 마음에 담은 자신이 어떤 모습을 하고 있는지 살펴라. 그리고 자신에게 "이웃의 결점을 알더라도 그것을 누구에게도 말하지 마라."라는 말을 속삭이며 못된 말을 하려는 마음을 억제하자.

나를 다스려라

"남에게 상처를 주는 험담을 퍼뜨려서는 안 된다."는 사실을 명심하는 것도 중요하지만, 그런 상태에 빠지지 않게 주변을 관리하는 것도 필요하다. 주변의 기운이 곧 나의 기운을 결정하기 때문이다. 남의 험담을 하는 사람이 있거든 될 수 있는 한 말리고, 멈추고 바라보라고 말해주는 게 좋다.

험담의 악영향을 기억하라

험담의 못된 영향이 기억나지 않을 때마다 기억하자. 교묘한 험담은 썩은 고기에 가득 뿌린 향신료와 같다. 향신료가 없으면 구역질이 나지만, 향신료 때문에 모르고 삼키는 것이다. 소중한 자기 내면에 썩은 고기를 주지 말자. 험담은 내면의 건강을 해치는 썩은 음식이다.

말이 주는 유혹에서 벗어나라

달콤한 말에서 멀어지자. 달콤한 말을 잘하는 사람의 특징은 험담 역시 잘한다는 사실이다. 양극단의 주인공은 언제나 서로 잘 맞는다. 다른 사람들에 대해 나쁘게 말하고, 당신에 대해 좋게 말하는 사람들의 말에는 절대로 귀를 기울이지 마라. 언제든 대상은 바뀔 수 있으니까.

분노를 내려놓아라

좋은 기분이 좋은 말을 하게 만든다. 기분 나쁜 날에는 술을 마시면 더욱 상황이 안 좋아지는 것처럼, 나쁜 감정에 사로잡혀 화가 나고 평정을 잃었을 때는 함부로 말하지 않도록 주의하라. 마음과 다른 표현이 입에서 나올 뿐이니까. 분노한 날에는 되도록 혼자서 시간을 보내는 것이 현명하다.

자신에게 집중하라

결국 남의 흠이 눈에 띄는 것은 자기 자신의 흠을 잊고 있기 때문이다. 흔히 이웃을 비난하면서 자기가 방금 비난한 잘못과 똑같은 잘못에 빠지는 경우가 있다. 다시, 자신을 보라.

제 영혼을 구하려 하지 않고 더 나은 사람이 되려고 애쓰지 않는 사람은, 쉽게 유혹에 빠지고 남의 악을 모방하는 법이다. 끊임없이 자신을 나아지게 하자. 좋은 관계를 유지하려면 스스로 자신의 수준을 높이는 게 우선이다. 험담이 존재하지 않는 다른 차원으로 의식 수준을 높이자.

무너지지
않는 내면의 성을
쌓아라

거의 매일 자신의 SNS에 비슷한 표정의 자기 얼굴 사진만 올리던 사람이 하루는 자기 얼굴 사진과 함께 이런 내용의 글을 하나 올렸다.

"왜 사람들은 제 얼굴에만 관심을 가지죠? 제 내면에도 관심을 가져주세요."

사람들이 그의 얼굴에만 관심을 가지고 내면과 지적인 부분에는 관심을 주지 않았던 이유는 뭘까? 답은 간단하다. 늘 얼굴만 보여줬기 때문이다. 우리는 우리가 자주 보여준 것에 대해서만 세상의 평가를 받는다. 보여주지 않으면 알 수가 없기 때문이다.

역사로도 증명이 되었지만 자기 나라를 지키기 위해 그간 수많은 왕이 성을 쌓았다. 하지만 결국 승리자는 누구였을까? 성을 가장 높고 견고하게 쌓은 왕? 아니다. 승리자는 언제나 성 안에서 군사와 경제, 과학, 예술 등의 지적인 알맹이를 단단하게 다진 왕이었다. 인간도 마찬가지다. 누구나 자기만의 성을 가지고 있다. 하지만 어리석은 자는 성벽만 견고하게 쌓으려 하고, 정작 소중한 내면과 지적인 부분에는 관심이 없다. 그래서 수많은 사람이 견고하게 쌓은 자신의 성벽 때문에 무너지고 파멸한다.

다음 세 가지 질문으로 먼저 자신을 발견하고, 영원히 무너지지 않는 내면의 성을 쌓길 바란다.

하나, 무엇을 추구하는가? 당신이 보여주는 것이 곧 당신의 인생이다. 현실을 제대로 인식하라. 사라지는 것에 의의를 두지 말고 영원을 바라보라. 그리고 세상이 보고 싶은 것에서 벗어나 당신이 추구하는 것을 세상에 보여주어라.

둘, 통찰은 무엇인가? 통찰은 자기 시야의 넓이를 스스로 알면서 가질 수 있는 능력이다. 그런 의미에서 자신의 편협성을 인정하는 사람은 완전성에 가까운 사람이다. 사람은 자신이 인정하는 것에서만 벗어날 수 있기 때문이다.

셋, 나의 수준은 어디에 있나? 100을 가지고 있으면서 200을 가지고 있다고 생각한다고 자신의 것이 200이 되는 것은 아니다. 자신을 제대로 파악하라. 자신이 대단하다고 생각하지 않는 사람은 자신이 생각하는 것보다 훨씬 훌륭한 사람이다.

자신의 가치를 과소평가하는 것은 어리석은 짓이고, 과대평가하는 것은 허황된 짓이다. 현명한 사람은 자신이 가지고 있는 딱 그만큼의 가치를 제대로 안다.

진리는 현명한 사람의 것이며 오류는 어리석은 자의 것이다. 그래서 진리를 추구하며 그것을 얻는 자는 소수인 것이다. 위의 세 가지 질문에 답하며 사는 삶을 반복하면 소수의 현명한 삶에 근접할 수 있다. 관계는 그 사람의 수준에 따라 결정된다. 그래서 견고한 내면의 성을 쌓는 것이 매우 중요하다. 무너지지 않는 내면의 성이 당신의 일상과 관계를 빛나게 만들어줄 것이다.

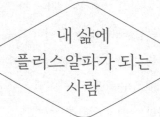

내 삶에
플러스알파가 되는
사람

지금까지 많은 책을 냈지만, 어떤 사람들은 내 책이 나온다는 소식에 이런 반응을 보인다.

"책을 또 썼어? 요즘에도 사람들이 책을 읽나?"

"어떤 출판사에서 나온다고? 그 출판사 요즘 별로던데."

그들의 말은 걱정일까, 아니면 응원일까? 나는 둘 다 아니라고 생각한다. 그저 아무런 생각도 없고 남이 잘되는 모습이 보기 싫은 사람일 가능성이 높다. 그들의 공통점은 내 책을 사거나, 그렇다고 좋은 출판사를 구해주지도 않는다는 데 있다. 응원이라면 책을 샀을 것이고, 걱정이라면 아는 범위에서 좋은 곳을 소개해주었을 것이다. 한 사람이 다른 한 사람을 진심으로 걱정하고 응원한다는 것은 매우 힘들고 어려운 일이다. 그런 사람 한 명만 곁에 있어도 그건 매우 큰 축복일 테니까.

나는 사람을 볼 때 꾸준함을 본다. 어떤 일을 시작하고 멈추지 않고 끝까지 간 사람을 매우 귀하게 생각한다. 결과가 실패로 돌아가도 그건 아무런 상관이 없다. 성공과 실패 모두 끝까지 간 사람만이 얻을 수 있는 결과이기 때문이다. 그는 언젠가 멋지게 성공할 것이다. 나는 멈추지 않고 정진하는 사람의 가치를 안다. 그는 처음 마음을 지킬 줄 아는 사람이다. 온갖 세상의 비난과 이간질을 기어이 이겨내며 첫 마음을 고이 간직할 줄 아는 사람이다. 방향은 중요하지 않다. 스스로 선택한 곳을 어떤 일이 있어도 끝까지 가고야 마는 사람을 곁에 두자. 그리고 그 사람의 오늘과 내일을 사랑하는 눈으로 지켜보자.

그렇다. 당신 자신이 그 사람의 플러스알파가 되어 주는 것이다. 차가운 눈빛이 아닌 따스한 온기를, 미움이 아닌 사랑과 믿음을 줄 수 있는, 이 넓은 세상에서 오직 두 사람만으로 충분한 일상을 보낼 수 있다면 어떤 인생도 부럽지 않을 것이다.

하루는 뜨거운 여름에 철판 앞에서 음식을 만드는 요리사에게 이런 질문을 했다.

"이 더운 날에 어쩌면 그렇게 늘 웃으며 손님을 맞이하실 수 있나요?"

그의 답은 매우 간단하며 즉각적이었다.

"손님도 이 더운 날에 저에게 오시는데, 제가 어떻게 웃지 않을 수 있을까요?"

모든 일이 그렇다. 나의 일이 예술이 되려면 나를 찾는 사람을 마음에 담아야 한다. 더 많이 담아야 더 사랑할 수 있다. 스스로 정한 뜻 하나를 품고 당신이 먼저 정진해야 한다. 그 치열한 길에서 당신과 닮은 사람 한 명을 만날 것이고, 당신이 그 사람을 먼저 믿고 지지하며 흔들리지 않고 지켜보면, 두 사람이 만나 가장 완벽한 하나가 될 것이다.

자기 삶의
철학을 가진 사람이 되라

최근 이사를 하며 집에 있던 책 2천 권 정도를 버렸다. 그 많은 책을 버렸다고 하면 다들 아깝다는 표정으로 바라본다. 나는 물건을 자주 버리지는 않지만 남들이 볼 때 과감하게 버리는 편이다. 자주 버리지 않는 이유와 과감하게 버릴 수 있는 이유의 근원은 바로 여기에 있다.

버리는 물건의 가치가 아닌,
버린 후에 맞이할 공간의 가치를 생각한다.

집에 물건을 쌓아두고 사는 사람들을 보면 가끔 장난으로 이런 식의 이야기를 들려준다.

"너, 저 물건 아까워서 버리지 못하는 거지? 그런데 혹시 알고 있어? 저 물건보다 저 물건이 차지하고 있어서 네가 사용하지 못하는 공간의 가격이 몇십 배는 더 비싸다는 사실을?"

이제는 서울에서 평당 1천만 원 이하의 집은 거의 찾아볼 수 없을 정도다. 비싼 곳은 1억이 넘기도 한다. 만약 당신이 1년 후에 쓸 가능성이 있어 1만 원짜리의 물건을 버리지 못하고 방구석에 모셔두고 있다면, 사용 가능성을 장담할 수 없는 1만 원짜리의 물건 때문에 무려 1천 배의 가치가 있는 공간을 방치하고 사는 것과 마찬가지다.

"물건을 함부로 버리는 것도 좋은 행동은 아니다."라고 말할 수도 있다. 나는 이런 말을 돌려주고 싶다. "공간의 가치를 아는 사람은 애초에 함부로 버릴 물건을 사지 않는다." 그러면 "물건은 추억인데, 그걸 세상의 가치로 판단하면 어쩌냐?"라고 응수할 수도 있다. 그들에게는 이런 이야기를 들려주고 싶다. "물건도 추억이지만, 공간은 그 추억의 무대를 제공하는 더 근사한 장소다."

무언가를 버리면 새로운 공간을 발견할 수 있다. 그것은 마치 신대륙을 발견하는 것처럼 예상할 수 없는 신비의 장소일 수도 있다. 누군가 말했다. 어떤 물건을 버려야 할지 제대로 선택할 수 없다면 물건을 가슴에 대고 느껴보라고. "가슴이 떨리면 남기고, 떨리지 않으면 과감히 버려라." 사실 사람이 머무는 공간에 존재하는 모든 물건은 필요한 것들이다. '더 많이 필요하거나 덜 필요하거나'의 문제지 세상에 쓸모없는 물건은 없다. 그래서 그 사소한 쓸모 때문에 우리가 선뜻 버리지 못하는 것이기도 하다. 그래서 늘 나는 이런 마음으로 버릴 물건을 선택한다.

더 소중한 것을 뜨겁게 사랑하려면,
덜 소중한 물건과 차갑게 이별해야 한다.

당신의 삶이 소중하다면, 물건이 아닌 당신의 삶이 머무는 공간의 가치를 먼저 생각하라. 당신이 살고 있는 삶의 무대가 더는 쓸데없는 물건으로 더럽혀지지 않도록 늘 무엇이 먼저인지 생각하라. "세상에 신경 쓸 일이 얼마나 많은데, 그런 것까지 신경을 써야 하나?"라고 말할 수도 있다. 하지만 당신이 아무리 바빠도 반드시 자신이 머무는 공간에 신경을 써야 할 이유가 있다. 그 사람이 머무는 공간의 바닥을 보면 그 사람의 바닥을 알 수 있기 때문이다.

여기에서 말하는 '그 사람의 바닥'이란 이 책의 주제인 인문학을 삶에서 실천하는 삶, 즉 '인문삶'을 말한다. 자기 삶에서 어떤 일이 일어나고 있는지 제대로 아는 사람은 많지 않다. 세상에 존재하는 수많은 책 중에는 농밀한 내용을 담은 것도 있지만, 가볍게 읽어도 충분한 것이 더 많다. 어리석은 사람은 가벼운 책을 농밀하게 읽는 실수를 한다. 보통의 사람은 자신에게 맞지 않는 농밀한 책을 골라 평생 이해하지 못한 채 그저 읽기만 한다. 하지만 인문학을 제대로 실천하는 사람은 농밀한 책을 선택해서 다 읽어야 한다는 부담에서 벗어나 매일 한 문장에 마음의 밑줄을 긋고, 한 줄을 100가지로 실천할 방법을 찾는다. 그래서 그가 읽은 한 줄은 '인문삶'을 살지 않는 사람이 읽은 100권의 가치보다 빛난다.

매일 마음의 줄을 긋고 한 줄을 100가지로 실천할 방법을 찾아라. 당신이 실천한 것을 말로 전하고 글로 쓰는 '인문삶'을 살면, 세상은 당신을 철학이 있는 사람이라고 부를 것이다. 내가 마지막으로 전하고 싶은 말은 결국 이것이다.

타인이 체험한 철학이 아닌,
자기 삶의 철학을 가진 사람이 되라.

인문학적 성장을 위한
8개의 질문

초판 1쇄 발행 2020년 5월 13일
초판 3쇄 발행 2024년 9월 3일

지은이 | 김종원
펴낸이 | 한순 이희섭
펴낸곳 | (주)도서출판 나무생각
편집 | 양미애 백모란
디자인 | 박민선
마케팅 | 이재석
출판등록 | 1999년 8월 19일 제1999-000112호
주소 | 서울특별시 마포구 월드컵로 70-4(서교동) 1F
전화 | 02)334-3339, 3308, 3361
팩스 | 02)334-3318
이메일 | book@namubook.co.kr
홈페이지 | www.namubook.co.kr
블로그 | blog.naver.com/tree3339

ISBN 979-11-6218-100-3 03180